能源与电力分析年度报告系列

2016 国内外企业管理实践典型案例分析报告

国网能源研究院　编著

中国电力出版社
CHINA ELECTRIC POWER PRESS

内 容 提 要

《国内外企业管理实践典型案例分析报告》是能源与电力分析年度报告系列之一，主要围绕国内外典型企业的管理实践做法及经验教训进行概括介绍和深入分析，以探索把握现代企业管理创新的发展趋势和规律。

本报告针对大数据应用、并购重组、国际化、商业模式、智库运营五个方面，选择国内外典型企业，分析其主要做法，并做出案例点评，旨在给成功者以宣传推广，给失败者以解剖分析，给追赶者以借鉴学习。

本报告可供企业管理人员、管理咨询人员参考使用。

图书在版编目（CIP）数据

国内外企业管理实践典型案例分析报告．2016/国网能源研究院编著．—北京：中国电力出版社，2016.9

（能源与电力分析年度报告系列）

ISBN 978-7-5123-9822-1

Ⅰ.①国…　Ⅱ.①国…　Ⅲ.①电力工业—工业企业管理—案例—世界—2016　Ⅳ.①F416.61

中国版本图书馆 CIP 数据核字（2016）第 231094 号

中国电力出版社出版、发行

（北京市东城区北京站西街 19 号　100005　http://www.cepp.sgcc.com.cn）

汇鑫印务有限公司印刷

各地新华书店经售

*

2016 年 9 月第一版　　2016 年 9 月北京第一次印刷

700 毫米×1000 毫米　16 开本　9.5 印张　112 千字

印数 0001—2000 册　定价 **50.00** 元

能源与电力分析年度报告

编　委　会

《国内外企业管理实践典型案例分析报告》

编　写　组

前　言

国网能源研究院长期开展企业管理研究与咨询工作，将企业管理实践案例分析作为企业管理研究领域的重要方法与工具，积累了系列化的案例，为政府部门、能源企业和社会各界提供了有价值的决策参考和信息。

近年来，世界各国经济形势处于深度调整期，全球化竞争日趋激烈，大型企业正在经历着新一轮创新浪潮的考验。互联网、大数据等新技术、新思维使传统企业的边界模糊化，同时伴随着经济新常态、共享经济等新特征，加大了企业的跨界竞争与内部创新压力，也为企业商业模式创新、运营管理创新提供了更为宽广的空间。在此背景下，深入分析大型企业如何抓住机遇、发现管理规律、落实有效做法，是本报告编写的出发点。在此基础上点评案例、总结经验，转化为实践创新的思想力和应用工具，是本报告的最大目的。

本报告根据每年企业管理的焦点问题和当年研究咨询业务重点，选择了大数据应用、并购重组、国际化、商业模式、智库运营五个研究领域，并选择若干国内外典型企业，总结其管理实践做法，归纳其经验教训，以探索把握企业管理创新的发展趋势和规律，给能源电力企业以启示。

本报告除概述外共分 5 章。其中，概述由马云高、栾昊、张园、刘进、张华磊主笔；Tableau 公司案例由孙艺新主笔；谷歌案例由何琬主笔；京东案例由马云高主笔；中国建材集团案例由栾昊主笔；万向集团案例由石书德主笔；思科案例由杨树主笔；通用电气案例由张园主笔；海尔案例由程嘉许主笔；联想案例由王悠子主笔；滴滴出行案例由吴鸾莺主笔；Opower 公司案例由刘进主笔；SpaceX 案例由袁圣韵乐主笔；兰德公司案例由赵简主笔；阿里研究院案例由吴晓磊主笔；西门子管理咨询公司案例由张华磊主笔。全书由吴鸾莺、杨树统稿，买亚宗、李浩澜、孙李淳、李欣校核。

在本报告的编写过程中，得到了国资委研究局、国家电网公司体改办的大力支持，在此表示衷心感谢！

限于作者水平，虽然对书稿进行了反复研究推敲，但难免仍会存在疏漏与不足之处，恳请读者谅解并批评指正！

编著者

2016 年 8 月

目　录

概　　述

本报告作为能源与电力分析年度报告的组成部分，自 2012 年首次出版以来，每年会根据当前管理热点选取五个研究领域，并围绕研究领域选择若干国内外典型企业的管理实践做法，分析其经验教训。

2016 年，本报告主要关注大数据应用、并购重组、国际化、商业模式、智库运营五个领域。这五个领域近年发展概况如下：

一、大数据应用领域

当前，以大数据为基础的应用创新与产业发展势头迅猛。从政策视角看，政府大力推动大数据产业发展、推动可开发交易的数据产品。2015 年以来，国务院相继印发《关于积极推进“互联网＋”行动的指导意见》《运用大数据加强对市场主体服务和监管的若干意见》《促进大数据发展行动纲要》等文件，引导社会各界高度重视大数据的重要性与战略价值；2015 年 4 月 15 日，中国首家大数据交易所在贵阳正式挂牌，数据品种包括政府、医疗、金融、企业等类别，预计在未来 3～5 年，交易所年交易额将达 2 万亿元以上。从产业视角看，围绕数据资产已形成了多元化的产业网络，包括采集、处理、工具、分析、应用、基础平台等环节，并推动了金融、交通、互联网、医疗等领域的产业变革与商业模式创新。据权威机构预测，到 2020 年，中国大数据产业市场规模将达到 8228.81 亿元。

大数据在分析与应用方面主要呈现以下特点：

第一，借助数据资产建设与企业生态系统的良性互动获取竞争优势。数据的流动性使企业能够更容易分享不同业务单元与上下游企业间的协同资源优势，数据资产成为企业构建综合服务平台和产业联盟的有力手段，构建基于数据资产的企业生态系统使企业在市场中占据领先优势地位。

第二，发挥数据开放共享对业务协同融合、发展创新的支持作用。数据内部开放共享的程度不仅反映了企业信息化的发展水平，也间接反映了企业不同业务不同职能的协同融合程度；同时，企业商业模式的创新与业务运营方式的优化拓展也是建立在对内外部数据开放共享和分析研判的基础上的。

第三，数据应用嵌入企业生产经营正在逐步加深。先进企业普遍将数据应用嵌入到企业的运营流程中，通过数据的分析、集成、传递、反馈获取信息与知识，提高各环节的执行效率与质量，以解决内部管理决策问题、响应外部市场需求。

二、并购重组领域

近年来，中国并购重组持续保持升温的热度。2015 年上半年，中国并购市场共公告交易 1082 起；披露金额的并购共涉及交易金额 2424 亿美元，达到国内并购市场半年度最高值。对比 2013、2014 年公告交易数量分别为 1691、1918 起，总交易金额分别为 1850 亿、2567 亿美元，交易数量和金额均有所增长。

从并购市场长期发展趋势来看，主要呈现以下特点：

第一，积极推进市场化并购，企业“走出去”跨境并购迅速扩增。2015 年上半年以来，市场化并购交易十分活跃，上市公司尤其是民营上市公司凭借资本、技术、体制以及行业的优势，通过市场化并购重组，在更广泛的领域选择适合的目标资产，进行产业转型、规模扩张和市值管理。互联网、金融、传媒、科技、医疗、消费等成为并购交易的热门目标领域。此外，在国家“走出去”战略不断深化实施的过程中，“一带一路”战略、欧美市场发展以及未来全球化日益深化为跨境并购提供了发展机遇，未来除了国有企业，民营企业也将越来越多地面向国外开展并购重组，跨境并购将成为中国企业在全球范围内配置资源的重要手段。

第二，基于战略资产互补选择并购对象，采取审慎并购策略控制风险。典型企业能够结合本企业的行业及技术特点、企业文化、管控模式等进行综合考量，通过制订合理的收购标准、明确并购原则，选择与企业融合且能够持续为企业带来发展动能、并购风险小的潜在对象，以降低失败风险。进一步通过并购为企业注入新鲜血液、获取先进技术以及创新能力，从而实现快速获取企业发展所需战略资源的目标。

第三，并购后高度重视被收购企业与本企业的文化融合。实施并购并不是并购的终点，而是真正融合的起点。并购后如何产生1+1>2的效果，促使被收购企业最大化发挥作用，与本企业高效协同，实现大融合非常重要。企业对于被收购企业的组织架构、人员安排等与本企业进行系统分析，特别是在企业文化一体化方面，通过倡导包容文化，在保留成员企业差异化的同时，实现了企业文化的统一，加强了文化认同感，实现法律意义上并购后真正的整合。

第四，保留被收购方的员工和客户资源，促进从竞争向合作的转变。企业的成败往往在于对人才的把握和培养。企业公司的并购不止于购买科技力量和市场份额，更重要的是通过兼并网罗优秀的技术人才和企业管理人才。通过妥善的政策和措施续留并购公司人才，同时为续留人才提供更加优厚的待遇以及更高的发展平台，确保收购后的人才持续发热，创造价值，搭建人才聚集的高地，同时也能够为推进从竞争向合作转变的并购重组奠定良好基础。

三、国际化领域

据波士顿咨询公司 2015 年 9 月发布的国际化报告显示，中国企业并购成功率偏低，仅为 67%，与欧美、日本等国家存在较大差距，与表现最好的美国相差近 20%，甚至低于同是发展中国家的印度。这当中有决策的失误，但更多的是开展跨国经营的企业普遍缺乏适应全球化发展的管理意识与经验。纵观全球成功的跨国企业，在实施国际化发展战略过程中，无不充分重视对适应全球化发展的企业管理模式的构建以及管理细节的推敲，以下成功的管理经验值得关注：

第一，在知识经济时代，跨国企业更加重视对全球智力资源的优化配置。当前，人才已经超过物化资本数量悄然成为决定一个跨国企业成败的关键性因素。知识创新是知识经济时代最核心的工作，经济全球化后，研发全球化成为跨国公司的必然发展趋势。面对新兴经济体的快速发展，“全球本土化”的战略越发水土不服，传统研发中心因为空间和文化的原因难以及时、有效触摸本土的市场需求；同时本土具备大量优秀的人力资源待企业开发和利用。因此，大型跨国企业纷纷将研发中心由母国向全球人力资本密集、市场潜力大的区域分散，以更低的成本网罗全球优秀人才，并有效对接本土及周边市场需求，各行业的“反向创新”不断涌现，极大地促进了企业业务快速发展。

第二，多元文化环境下，创建适用于企业不同发展阶段的跨文化管理模式能够有效推动企业和谐发展。管理风格迥异和企业文化冲突是导致跨国并购失败的主要原因，跨文化整合能力在一定程度上决定了企业国际化扩张战略的成败。企业在国际化进程中，针对不同国别的社会经济水平，充分结合企业各个阶段的经营与管理特点，遵循本国员工与外籍员工文化认知水平及文化适应能力提升的基础规律，努力寻求不同文化的相通之处，构筑适应企业不同发展阶段的跨文化管理模式，并从组织变革、薪酬设置、管理培训等方面构建相关机制予以落实，则能够减少文化差异和冲突，促进多元文化的融合，降低企业并购与文化整合的风险，有效推动企业和谐发展。

第三，跨国经营管理中，更加注重协同机制的构建与协同环境的营造。企业在开展国际化发展中，需要不断统筹和优化不同业务条线、不同职能部门、不同地区条线、不同管理层级的责权利关系，这期间需要耗费大量的人力物力财力去实现充分的沟通、有效的衔接与高效的合作。在这过程中，跨国企业不断强化协同意识，从组织机构设置、岗位职责设定、考核机制设计等方面设计适应企业全球化发展的管理机制，并不断强化营造协同的工作氛围与企业文化，为业务协同开展提供润滑剂，全方位提高跨国业务开展的效率，进一步提升企业国际竞争力。

四、商业模式领域

经济新常态背景下，中国经济正在发生重大调整，增速逐步趋缓、增长方式由粗放转向集约、驱动力由要素转为创新力。而世界技术更新却在不断加快，以“大、云、物、移”为代表的新兴技术对人们传统的生活方式带来了翻天覆地的变化，激发了人们创新的活力。同时，国家政策明确要求实施创新驱动发展战略，强调技术创新与商业模式创新的有机融合，如何将技术创新同传统行业、新兴行业商业模式进行有机融合成为新时期破解新常态的突破口。创新商业模式，不仅是中小企业在经济新常态下安身立命的法宝，更是国有企业深化改革，进行体制转型的关键。随着时代的发展，商业模式的内涵和外延也在不断深化，逐步向系统性、深层次发展。不单是让企业盈利的途径，更是一种企业发展的顶层设计，是指引企业不断提升优化的路线图。在当前经济形势和科技发展趋势背景下，商业模式创新将呈现出以下三个趋势：

第一，通过大数据、互联网满足客户个性化的需求。当前，大多数企业已经改变了以前企业本位的价值观，开始转向客户本位。但是如何精准把握客户需求，成为当前企业面临的难题。以大数据、互联网＋为代表的新兴技术，为找准客户需求提供了条件。例如滴滴出行通过“互联网＋”定制交通方式，满足了个性化需求。又如美国Opower公司关心用户卷入和黏性、注重个性化，基于SaaS模式创建了云技术平台，制作个性化的用户账单，实现了为客户节约用能的目的。

第二，商业模式与技术创新融合互动。技术创新是商业模式创新的前提之一，技术的创新与应用能够为企业商业模式创新注入新活力，是实现传统行业转型升级的关键。例如，滴滴出行正是基于移动通信技术、手机APP功能的成熟，弥补了传统交通领域的缺口，充分利用了社会的闲置职员。又如，美国Opower公司利用互联网＋能源数据技术，充分挖掘公用事业企业掌握的用户信息。

第三，通过大胆创新、不断试错优化业务模式与结构。真正的商业模式创新不仅极具颠覆性，更引领着其他创业者不断创新、优化业务结构。真正要实现商业模式创新，需要创业者具备勇于创新的思维、勇气和决心，需要突破技术瓶颈，需要雄厚的资金支持，克服难以预料的挑战和困难。例如，SpaceX在不具备人才、技术的前提下，凭借独特的商业运作模式，开辟了商业航天飞行新纪元。

五、智库运营领域

智库为政府、企业、公共部门等各类组织的战略决策提供智力支持和行动指导，通过共享组织知识引导员工发展，在提升国家软实力方面发挥越来越重要的作用。2015年1月20日，中共中央办公厅、国务院办公厅印发《关于加强中国特色新型智库建设的意见》。该意见成为构建中国特色新型智库的重要指导文件，为构建中国特色新型智库发展新格局、深化管理体制改革、健全制度保障体系奠定了政策基础。2015 年，智库建设成为关注焦点，一大批高校智库、企业智库、民间智库相继成立，成为中国特色新型智库体系的重要组成部分。总体来说，智库建设呈现出以下三个主要特点：

第一，通过开放式合作加快提升研究实力，积极拓展社会影响力。国内智库广泛采用国际合作、智库联盟、高层智库论坛和峰会、战略合作框架等多种形式，不断加快智库间跨类型、跨区域、跨国合作。其中，国内外智库的国际合作和智库与政府之间合作成为亮点，与智库建设相关的各种智库交流活动层出不穷，中国智库的开放性程度逐步加强，智库发挥作用的土壤正在孕育，智库生态系统正在形成。

第二，通过全面深化智库体制机制改革推动智库转型。鉴于国内智库以体制内智库为主，需要遵循智库特点和智库建设规律，创新智库管理模式，激发智库创新活力。科研考核评价体制机制、科研经费管理体制机制、科研项目管理体制机制、科研项目成果评价和应用转化机制、国际交流合作机制将成为智库体制机制改革的重要领域。促进人力资本成为智库管理创新的第一要素将成为智库体制机制改革的主要途径，通过不断完善智库人才的引进、配置、激励，激发研究创造力，为促进高端智库出思想、出成果提供人才保障。

第三，智库与媒体互动性增强，日渐走向融合发展。近年来，各类媒体积极加快建设智库型媒体，开始出现一些媒体智库传播平台；传统智库和新兴智库也借助媒体尤其是微信公众号、自媒体等新媒体形式，不断强化智库传播力，推动智库影响力不断提升。例如，光明日报智库研究与发布中心以及中国网推出的“智库中国”，均为智库建设提供了新型交流平台。

1

大 数 据 应 用

本章案例要点

Tableau：Tableau作为新型商业智能的代表和大数据可视化领域的领跑者，具有良好的市场营销与产品研发能力，Tableau根据市场需求和自身状况制订了未来的发展战略。一是以可视化为突破口进行精准定位，二是跨领域整合资源提升数据展示效果，三是优化定价与营销策略迅速提高市场份额，四是加强大数据合作伙伴生态系统建设。

谷歌：谷歌是大数据时代的开拓者之一，也是大数据应用做得最好的公司之一。随着计算技术的不断改进和算法模型的不断优化，谷歌借助海量数据资源，探索开发谷歌搜索、谷歌广告、谷歌翻译以及各种谷歌智能产品，不断扩大业务优势、拓展新的业务领域，立于互联网时代的不败之地。

京东：京东大数据平台致力于电子商务海量数据处理技术研发与应用，为京东及电子商务行业挖掘大数据价值提供解决方案和技术保证。依托京东大数据平台，京东商城从大数据与企业营销传播之间的关系入手，通过用户画像和京东慧眼分别实现精准营销和智能营销。

近年来，数据作为一种重要的战略资产，受到社会各界广泛关注，以大数据为内容的应用创新与产业发展势头迅猛。一些企业根据自身行业特点，围绕大数据积极开展高效管理与应用，有效助力企业快速成长，实现企业可持续发展。

能源电力企业拥有的数据资产价值潜力巨大，在此形势下，如何高效管理与应用能源电力企业数据，对改进能源电力企业运营状态、提高运营效率、提升服务水平等方面具有重要意义。

本报告选择了 Tableau 和谷歌两家国际典型企业案例，其分别成功运用可视化优势和大数据思维方式实现市场拓展和产品开发，又选择了京东作为成功挖掘大数据开展精准营销和智能营销的企业案例，期待给能源电力企业如何应用大数据带来不同角度的启示。

1.1 Tableau：以可视化优势开拓大数据市场

1.1.1 公司概况

Tableau 公司是一家定位于大数据商业领域中的数据可视化细分市场的商业智能软件提供商，被誉为大数据时代的梵高。该公司成立于 2003 年，由来自斯坦福的 Christian Chabot、Chris Stole 以及 Pat Hanrahan 在美国西雅图创建，三个人都具有产业、商业与高校背景，分别任首席执行官、研发总监与首席科学家。从创业初期，Tableau 公司就瞄准了数据可视化这一细分领域，在与 Spss、Excel、SAS、Matlab 等著名软件的竞争中赢得了市场的认可。

Tableau 业务以两部分为主，一是数据可视化软件授权，二是软件维护和服务。目前，Tableau 全球拥有员工仅 700 余名，但分布在全球 100 多个国家的客户超过 12 000 个，在美国以外的市场占有率达到 17%，遍及商务服务、互联网、能源、电信等二十余个行业。

公司在 2013 年 5 月上市，市值达到 20 亿美元。截至 2015 年底，公司收入达到 6.5 亿美元，同比增长超过 50%。据市场调查机构 IDC 的调研，目前业务分析软件市场规模正以每年 10%的速度增长，至 2016 年可达到 507 亿美元。

Tableau 公司定位于大数据的末端环节数据可视化，可为用户提供超过百种可视化类型，Tableau 营业收入增长迅猛，年复合增长率达 76%，特别是 2009 年以后，每年都以近一倍的幅度递增，如图 1-1 所示。此外，Tableau 的毛利率非常高，超过 90%，但净利润相对较低，这主要是由于 Tableau 的运营开支非常大，占了总成本的九成之多，其中销售和推广、研究与开发的投入均非常高。

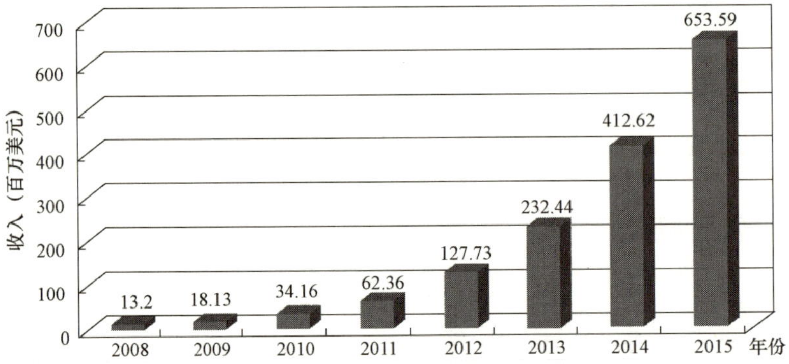

图 1-1 Tableau 公司销售收入逐年变化

1.1.2 主要做法

Tableau 公司作为新型商业智能的代表与大数据可视化领域的领跑者，具有良好的市场营销与产品研发能力，在战略定位、市场营销、产品研发、国际化等方面均有成功经验值得借鉴。

(1) 精准的战略定位抓住市场痛点。

商业智能（即 BI）为企业提供大规模数据联机处理、数据挖掘、数据分析，以及报表展现等服务，以实现为特定的商业目标或企业整体绩效提供定量化决策支持的综合解决方案。在传统的商业智能领域，IBM、Oracle、SAP与微软是全球商业智能领域四大巨头，占据了全球市场约2/3的份额。与这些巨头相比，Tableau在技术、资本、人才、市场等方面并无优势。

但随着大数据技术与平台的发展，传统的以IT为中心的商业智能分析平台已不能满足企业客户的要求，用户对数据的采集、存储、分析、应用、展示等不同环节都提出了更高的要求。传统巨头虽然也在进行转型，但没有一家企业能够提供一站式全套服务，这为市场中的中小企业提供了发展的机遇。

首先，Tableau公司选择了数据可视化这一细分领域作为企业产品研发的核心，相继开发了Tableau Desktop、Tableau Server与Tableau Public。数据可视化市场属于大数据产业中的新兴领域，Tableau集中了在高校研发、知识产权方面的优势，迅速在该市场中赢得了竞争力与知名度。

其次，Tableau公司在产品定位上抓住了一般用户的痛点，使产品的便捷性、易用性与美观效果大大超出了同类产品。将Tableau公司的Tableau Desktop与三个传统分析软件对比可以看出，Tableau Desktop在可视化领域优势明显，见表1-1。

表1-1　Tableau产品与其他产品对比分析

产品名称	特点	优势	劣势
SPSS	侧重于统计分析	功能强大且操作简单友好	（1）使用者需要一定的数理统计基础；（2）输出的图表在与办公软件的兼容性及交互方面有所欠缺
Matlab	侧重科学项目的可视化研究	数学建模功能非常强大	需要较为深厚的编程基础

续表

产品名称	特点	优势	劣势
Excel	侧重电子表格分析	使用界面优化，易于上手	（1）图表设计在认知学、美学层面存在较大不足；（2）不适用于大型数据库
Tableau Desktop	结构化数据的快速可视化	使用者可以快速构建美观有效的数据可视化作品，并构建交互界面辅助人们进行视觉化的思考	统计分析功能与 SPSS 相比不够强大

综上所述，Tableau 公司定位于具有一般数据分析基础的普通客户，产品更具有平衡性，且更侧重于满足大多数用户的需求，以可视化为主要表现工具，对此类用户更具吸引力。Tableau 公司产品能满足大多数企业、政府机构数据分析和展示的需要以及部分大学、研究机构可视化项目的要求，而且特别适合于企业，在此定位下，Tableau 公司更能够集中优势资源完善核心客户的需求，并在此细分市场下占据可观的市场份额。

（2）以客户体验为导向完善产品功能。

Tableau 公司基于对客户体验的广泛调研，提出产品的研发导向，即“所有人都能学会的业务分析工具”，并将其体现在产品的研发与资源整合工作中，使“美观、易用、快速”成为 Tableau 公司对产品功能的最好诠释。

一是从内外部整合人才、技术资源，专注提升产品可视化效果。公司一方面吸引了大量计算机图形设计专家，主要应用了来自斯坦福大学的复杂的计算机图形学、人机交互和高性能的数据库系统等突破性技术，其中 VizQL 可视化查询语言和混合数据架构技术为关键核心技术；另一方面，公司还专门聘请了奥斯卡视觉特效方面的专家，通过优秀人力资源的集中攻关，公司设计的 Tableau Desktop 产品不仅图表美观，而且更加智能，可以自动地进行可视化形式的选择。此外，Tableau 还有一项独具特色的数据可视化技术，即嵌入地图，客户可以用经过自动地理编码的地图呈现数据，这对于企业进行产品市场定位、制订营销策略等大有帮助。

二是提供便利的实现方式与美观的效果。Tableau 公司要求产品必须具备一个特点，即客户在使用过程中不需要理解复杂的程序设计与统计学原理，只需要将数据拖放到软件的工具簿中，通过一些简单的设置就可以得到自己想要的数据可视化图形，这使得即使是不具备专业背景的人也可以创造出美观的交互式图表，从而完成有价值的数据分析。因此，使用 Tableau Desktop 等产品的学习成本很低，客户可以快速上手，这对于追求效率、控制成本的企业来说具有巨大的吸引力。其特别适合于日常工作中需要绘制大量报表、经常进行数据分析或需要制作精良的图表以在重要场合演讲的人。但简单、易用并没有妨碍 Tableau Desktop 拥有强大的性能，其不仅能完成基本的统计预测和趋势预测，还能实现数据源的动态更新。

三是以计算速度为目标，专注结构化数据。Tableau 在产品线上并不求全责备，而是将公司技术专注于最简单的结构化数据，即已经过初步整理的 **Excel** 数据、结构化数据库等，**放弃对复杂非结构化数据、半结构化数据（如文本）的分析处理**。这是由于结构化的数据处理在技术上难度较低，这就使得 Tableau 有精力在快速、简单和可视化方面做出更多改进。一方面，Tableau Desktop 具有完美的数据整合能力，可以将两个数据源整合在同一层，甚至还可以一个数据源筛选为另一个数据源，并在数据源中突出显示，这种强大的数据整合能力具有很大的实用性。另一方面，公司开发了改进的数据引擎，速度是传统数据库访问速度的100倍，绘制报表的速度也比传统的程序员制作报表快10倍以上，使产品提供上百种可视化类型，包括地图、条形图和折线图、列表、热图等都可以在短时间内完成可视化呈现。需要说明的是，Tableau公司对非结构化或不标准的结构化数据缺少处理能力，这也是其产品的短板所在。

（3）优化销售与定价策略提高市场份额。

Tableau产品的价格在同类商业智能软件中不算高，但其盈利能力与出货量都在迅速提高过程中，这得益于Tableau公司的定价与营销策略。

一是建立了“软件＋维护”的营销策略。在这个模式下，Tableau产品的购买使用只是与Tableau公司建立联系的第一步，用户还会收到来自公司的商业培训、讲座与软件使用说明等邮件，通过线下的产品使用交流，不断提升用户对产品的认知，以口口相传的口碑赢得用户信赖。此外，用户在购买产品后，还会面临产品升级、维护的需求，这就使Tableau公司能够获得来自于“维护”的持续不断的收益。

二是建立了相对低价的产品策略。Tableau Desktop个人版售价只有999美元，专业版售价1999美元。Tableau Server则根据发放许可证数量确定收费标准。一般，企业都会选择专业版，而且购买Tableau Desktop的企业通常都会购买Tableau Server。低门槛的销售策略，使Tableau公司在创业之初的用户数保持100％左右的增长。

三是重视用户黏性，在软件维护服务方面保持稳定的销售收入。软件维护就是对Tableau Desktop与Tableau Server两大软件的升级和支持，通常每年一季度版本升级，不过购买时会提供一年的免费维护，但以后若想升级则需要续订。为了解决特定的数据处理问题，Tableau针对各个行业、部门、数据形式和环境制订了相应的解决策略与培训服务，从而吸引了大量客户，从 2012 年开始 Tableau 的维护续订率已超过了 90%，目前这项收入占据了 Tableau 总营收的近 30%，随着客户数量的不断增加，这笔稳定的收益还将继续扩大。

(4) 加强大数据合作伙伴生态系统建设破解经营风险。

大数据产业领域面临行业风险、市场风险与竞争风险，Tableau 公司通过与竞争对手或者伙伴加强合作，构建企业生态系统，有效地规避或应对了来自各类风险的冲击。

一是与竞争对手建立战略合作同盟。Splunk 公司是一家向大数据业务提供解决方案的上市企业，与 Tableau 公司有着相似的产品类型与商业模式。Tableau 公司与 Splunk 公司进行战略合作，通过“联合技术投资”计划帮助客户收集由物联网产生的庞大设备数据并实现内容分析。在合作过程中，两家企业的用户、数据、技术、人才将得到不同程度的共享，从而形成共赢局面，共同应对来自其他企业与潜在竞争者的竞争压力。

二是与合作伙伴结成深度联盟。相对于战略合作，Tableau 公司与经销商合作伙伴、OEM（Original Equipment Manufacturer，原始设备制造商）合作伙伴以及技术合作伙伴的合作更为深入具体。一方面，Tableau 公司通过与这些公司的产品或服务进行技术整合，使双方互补，从而为客户提供更好的产品或服务，同时也可以帮助 Tableau 扩展其产品的覆盖范围。另一方面，Tableau 公司把自己的可视化软件嵌入到其他公司生产的软件应用中，吸引超过 30 个 OEM 合作伙伴加盟。例如，Tableau 公司将微软和甲骨文的服务器嫁接在其软件上、与追踪网站流量的 Google 分析工具及云端服务 BigQuery 结合等。

1.1.3 案例点评

大数据产业虽处于商业蓝海，但没有清晰的市场定位与产品优势，很容易被其他竞争者超越。Tableau 公司明确了精准的市场定位，通过建立数据可视化的产品优势，不断扩大市场份额，取得了良好的经营效益与顾客信赖。

（1）面向客户的产品研发、设计与营销一体化运营。从上述分析中可以发现，Tableau 公司的产品从研发阶段注重用户体验，设计阶段注重可视化界面与处理速度，营销阶段注重顾客消费承受力与二次购买行为特点，这些综合考虑使 Tableau 公司的产品更能满足目标客户的需求。在全球最大的商业智能用户调查中，Tableau 公司产品在客户忠诚度、实施速度、最低实施成本和总拥有成本方面都排名第一，击败了包括 IBM、甲骨文、微软、SAS 等在内的众多老牌企业。

（2）追求市场规模而不是单纯的盈利能力。Tableau 公司将市场规模作为企业发展的最重要目标，而不强调利润率、收入等指标。随着产品客户满意度、忠诚度以及运维费用的提升，Tableau 公司占有市场的同时，其盈利能力反而大幅增长，这种销售策略适用于初创企业以及大数据企业的发展，对其他新兴企业具有借鉴意义。

（3）跨界人才的使用培养可视化美学。数据可视化不仅需要计算机科学技术，更需要美学素养。Tableau 公司跨学科领域组建 200 余人的研发团队，引进了奥斯卡视觉特效专家，使其产品的视觉界面更美观。

（4）以建立生态系统的方式做强做优。Tableau 公司通过战略合作、联盟等多种方式，与供应商、OEM 厂商、技术合作伙伴、甚至竞争对手建立稳定的合作关系，通过合作共赢的原则，各取所需，发挥所长，从而在大数据产业巨头林立的商业环境中占据有利的位置。

1.2 谷歌：挖掘数据拓展产品，成为大数据应用的急先锋

1.2.1 公司概况

谷歌公司（Google Inc.）是一家跨国科技企业，致力于开发提供基于互联网的产品与服务，主营业务包括网络信息服务、搜索引擎（网页、图片、音乐、视频、地图、问答等）、移动操作系统等，主要利润来自 AdWords 等广告服务。1998 年，谷歌由当时在斯坦福大学攻读计算机科学博士学位的拉里·佩奇（Larry Page）和谢尔盖·布林（Sergey Brin）共同创建，总部设在美国加利福尼亚州圣克拉拉县山景市。2015 年 8 月，谷歌公司进行重组，谷歌划归新成立的 Alphabet 公司旗下，此举把谷歌旗下的核心搜索和广告业务与其他新兴业务分离开来。

目前，谷歌（Alphabet Inc.）拥有超过 5 万 7 千多名雇员。2015 年，谷歌公司营业收入 749.89 亿美元，同比增长 13.6%，运营利润 193.60 亿美元，同比增长 17.4%，位列财富杂志年度世界 500 强企业第 124 位。

谷歌的英文名 Google，源自“Googol”一词，意思是 10 的 100 次幂，代指互联网上的海量数据。谷歌成立以来，一直以“集成全球范围内的信息，使人人皆可访问并从中受益”为使命，以数据构建产品是谷歌业务开拓的核心思路，随着计算技术的改进和算法模型的不断优化，谷歌借助海量数据资源，不断进行最前沿的数据应用探索与尝试，开发新的产品，拓展新的领域，扩大业务优势，从而立于互联网时代的不败之地。

1.2.2 主要做法

谷歌是大数据时代的开拓者，建设了目前世界上最快最大的数据中心，并且在全世界的数据中心运营着超过百万台的服务器，每天处

理数以亿计的搜索请求和用户生产的约 24 PB 的数据。谷歌搜索、谷歌广告、谷歌翻译以及各种智能产品，背后都离不开海量数据的支撑。可以说，谷歌是大数据应用做得最好的公司之一，是大数据应用的急先锋。

(1) 构建知识图谱，提高用户搜索满意度。

搜索是谷歌最为核心的业务，谷歌一直致力于基于互联网为用户提供强大的搜索服务，提高用户搜索的满意度。近几年，随着开放数据互联（Linking Open Data）的展开，万维网（Web）语义[1]数据激增，互联网从仅包含网页之间超链接的文档 Web 转变成为包括大量描述各种实体之间丰富联系的数据 Web，由此拉开语义搜索的序幕。谷歌将搜索引擎的主旨和目标从关于信息的搜索转变到广泛知识的搜索，通过信息的关联和扩展，提高用户搜索和浏览信息的满意度，由此推出了新的搜索功能——知识图谱（Knowledge Graph）。

知识图谱旨在通过各种关联，描述现实中存在的各种实体和概念。它可以被视为一张巨大的网，网里的每个节点表示实体或概念，而连接这些点的线，则是这些实体的属性和相关关系。谷歌知识图谱到目前为止包含了 5 亿个实体和 35 亿条事实（实体的概念和属性，实体之间的关系等）。知识图谱通过搜集来自百科类网站和各种垂直站点的结构化数据来提供大部分实体的常识性知识，如维基百科、CIA 世界概览[2]、Freebase[3] 或者其他提供信息服务的网站。此外，谷歌还通过对搜索日志的数据挖掘来发现新的实体或实体间关系，以

[1] 语义：Semantic，是数据所对应的现实世界中的实体所代表的概念和含义，以及实体之间的关系。

[2] CIA 世界概览：CIA 世界概况是美国中央情报局生产的关于世界各国的年鉴信息的参考资源。

[3] Freebase：Metaweb 研发的一个大型协作型知识库，2010 年被谷歌收购。

持续扩展知识图谱覆盖率。

与之前的搜索和浏览方式相比，知识图谱直接将实体与实体的关联信息呈现在搜索页面中，通过三方面提高用户搜索效果：

一是处理搜索词的模糊性。基于用户搜索的词条，知识图谱可以处理模糊的搜索词语，从而去理解用户搜索的用意。例如用户搜索“黄石公园”，在传统搜索结果右侧的框中，谷歌分析了用户可能需要的信息，给出了黄石公园的经典照片、地理位置图，地图下方是黄石公园的基本情况描述（如图 1 - 2 所示）。谷歌还列出了黄石公园的一些经典景点，并给出了用户可能想进一步了解或比较的其他自然风景公园。在时间有限的情况下，这些信息已经具有相当的参考价值，可以省去部分用户点击黄石公园官方网站的时间和步骤。

图 1 - 2 “黄石公园”在谷歌网页的相关搜索结果

二是结构化信息摘要。知识图谱可以围绕一个搜索主题，即实体，总结与之相关的各类关键信息。图 1-3 中，用户键入了“居里夫人”，则传统搜索结果的右侧框中，给出了居里夫人的生平情况，包括配偶、子女姓名，让用户一目了然相关信息。

图 1-3 “居里夫人”在谷歌网页的相关搜索结果

三是提供更深层、更广泛的信息。知识图谱可以为用户揭示新的信息，以及基于之前用户问过的问题，预测用户下一个问题并事先提供信息。图 1-4 中，用户键入“北京”，传统搜索结果的右侧框中，给出了北京的地理位置、当天的天气信息，并给出了北京近期将要举办的活动的时间与链接，甚至还提供了北京高校的信息。这些都是搜索“北京”的用户可能接着需要搜索的信息。如果用户随后刚好要搜索这些信息，知识图谱则省去了用户的下一步骤，直接为其提供相关信息与链接。

此外，知识图谱还能提供更为复杂的信息答案。例如，用户键入“居里夫人的丈夫”，如图 1-5 所示，网页直接给出了皮埃尔·居里

图 1-4 “北京”在谷歌网页的相关搜索结果

的基本描述。

图 1-5 “居里夫人的丈夫”在谷歌网页的相关搜索结果

(2) 分析人类行为数据，探索预测流感疫情。

大数据为研究人类行为以及人与人之间的大规模互动，提供了新的方式。谷歌抓住大数据带来的机遇，深度挖掘互联网上人的搜索数据，预测流感趋势（Google Flu Trends，GFT）。

人们搜索的关键词代表了他们的即时需要。谷歌发现某些搜索关键词，比如“咳嗽”“发烧”等，可以很好地表示流感疫情的现状。基于此，谷歌汇总搜索数据，编写算法在5000万个流感相关搜索词条中寻找可以拟合1152个数据点（流感疫情时间）的最佳匹配，找到了与流感趋势匹配的检索词，只要用户搜索类似“体温计”“肌肉酸痛”“发烧”“咳嗽”“咽喉肿痛”等关键词，谷歌就会开展跟踪分析，在去除与流感无关的数据，以及与美国疾病控制和预防中心（the Centers for Disease Control and Prevention，CDC）数据密切相关的季节性检索词后，创建流感地图，预测流感疫情。谷歌试图以对流感趋势的精准预测，为医院门诊提供参考、提前调配资源满足不时之需。

谷歌流感趋势预测被认为是大数据应用的典范。然而，2013年2月，《自然》杂志发表文章指出，谷歌流感趋势预测的流感病例门诊结果远远超出美国疾控中心基于全美各实验室流感监测数据的预测结果两倍还多，指明谷歌流感趋势预测不靠谱。

图1-6显示，对2012—2013年流感疫情的预测情况，谷歌流感趋势的估计过高；对2011—2012年流感疫情的预测，谷歌比实际情况高50%左右。文章认为主要有两大原因造成该结果的出现，一是“大数据的夸大其词”（Big Data Hubris），二是算法的变化。“大数据的夸大其词”指：大数据可以完全取代传统的数据搜集方法，而并非作为后者的补充。这种观点问题在于，多数大数据与经过严谨试验得到的数据之间存在显著不同。大数据的搜集做不到像传统小数据那样精确。因此，解读大数据变得十分复杂和关键。而且，数据量并不意味着，研究者可以忽略数据本身的结构问题、可靠性问题以及数据间

的关联关系。另外，谷歌搜索引擎算法也一直在调整和改进，算法的改变和用户的搜索行为会影响流感疫情的预测结果，比如，媒体对于流感疫情的报道会增高与流感相关的词汇的搜索频次，进而影响谷歌流感趋势的预测。

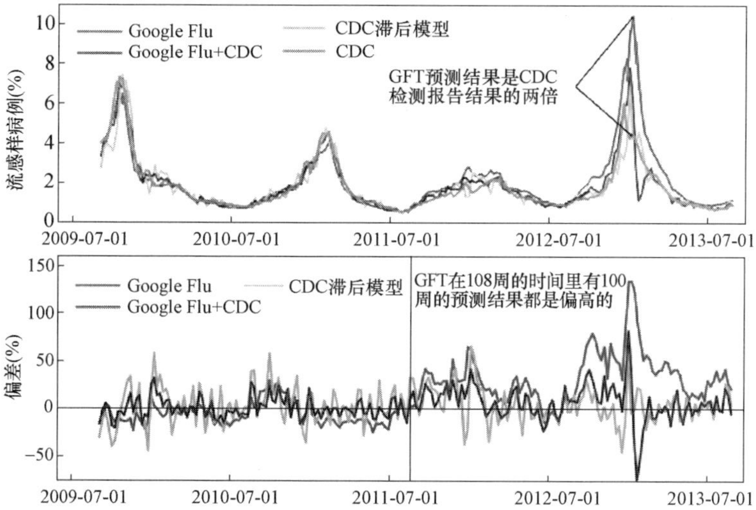

图 1-6 谷歌流感趋势的过高预测

资料来源：张志昌关于《The Parable of Google Flu：Traps in Big Data Analysis》的译文。

然而，虽然谷歌流感趋势预测的大数据应用并不像预期一样成功，但这无疑是人类行为研究方面最前沿的工作，是大数据应用最前哨的尝试和探索。假以时日，随着技术的改进和算法的革新，谷歌想必会取得更好的效果。

（3）开发 AlphaGo，塑造新一代人工智能。

AlphaGo，无疑是今年最火的网络热词，是人工智能史上的里程碑。谷歌 AlphaGo 是阿尔法围棋的简称，也有第一围棋的意思，是谷歌旗下的 DeepMind 公司开发的围棋人工智能程序。2015 年 10 月，AlphaGo 以 5：0 完胜欧洲围棋冠军、职业二段樊麾；2016 年 3 月，

AlphaGo 对阵世界围棋冠军，韩国职业九段李世石，并以 4∶1 的总分获胜（如图 1-7 所示）。

图 1-7　AlphaGo 与李世石九段对弈

AlphaGo 的主要原理是“深度学习”[1]。利用深度学习方法，通过两个不同的神经网络系统合作来下棋。一是策略网络（Policy Network），观察棋局，预测所有合理的下一步走法的最佳概率；二是价值网络（Value Network），判断棋局，不去猜测下一步的具体下法，而是预测是白棋胜还是黑棋胜，通过分析潜在未来局面的胜负，决定下法。AlphaGo 通过蒙特卡络树搜索（Monte Carlo Tree Search），把不同的神经网络系统连接起来，形成完整的下棋系统。

AlphaGo 的胜利得益于算法的改进，更在于背后的大数据，在于围棋数千年形成的海量招数。它每一步走子，均基于大数据分析的驱动。AlphaGo 的训练数据来自 6～9 段职业棋手 16 万次对弈的

[1] 深度学习：是机器学习的分支，它试图使用包含复杂结构或由多种非线性变换构成的多个处理层对数据进行高层抽象的算法。

2940 万步走法，此外，AlphaGo 还通过自我对弈又获得 3000 万局下法数据。因此，AlphaGo 的成功，无疑是大数据应用的典范，是在大数据基础上塑造的新一代人工智能。

1.2.3　案例点评

谷歌无疑是应用大数据最成功的互联网公司之一。谷歌搜索引擎是全球点击最多的搜索引擎网站，AlphaGo 是人工智能史上的里程碑，谷歌基于大数据技术与应用，拓展了更多的业务、为人类带来了无限的可能。无论成功与否，人们总能从中得到启示。

(1) 深度挖掘数据、探索新领域开拓新业务。近些年，谷歌利用大数据技术应用，不断探索新的领域、开发新的产品。例如，客户情绪分析、交易风险、产品推荐、客户流失预测、法律文案分类、电子邮件内容过滤、政治倾向预测、物种鉴定等多个方面。据称，大数据已经给 Google 每天带来几千万美元的收入。尤其是有了知识图谱的搜索引擎，搜索率一再攀升，使得谷歌广告投放与盈利再创新高，2015 年广告收入 673.90 亿美元，同比增长 13%左右，占 Google 营业收入的近 90%。无论是否为互联网公司，这个时代的企业都已经离不开网络与数据了，企业需要学习谷歌公司，不断深挖、掌握数据资源的潜在价值，与企业经营业务结合，创造更多的可能。

(2) 避免陷入大数据陷阱。近几年，大数据的浪潮劈天盖地、汹涌而来，大数据已然成为新的技术变革热潮，无论信息领域，还是政治、经济、社会等诸多领域，都企图抓住这次机遇，竞得一席之地。知名技术类刊物《Wired》的主编曾说：只要数据足够，数字自己就能说话。然而，数字也许可以说话，但并不代表说出有价值的话。谷歌流感趋势预测的大数据应用也说明了，大数据有时并不如传统小数据好用，相关性也并不总是蕴含着因果性。因此，企业在基于大数据开展相关应用时，需要明确应用的真正目的、去除不相关数据可能带来的误差，理清数据结构、数据间的关联关系以及数据的可靠性，避免为了使用大数据而用大数据、陷入大数据陷阱。

(3) 创新数据分析方法、帮助人类利用大数据更好认知世界。随着大数据应用的发展，一方面，人们已经认识到传统的“小数据”其实提供了一些大数据没有包含（或是不能包含）的信息；而另一方面，使得大数据发挥作用的那些因素也促进了传统“小数据”的采集。也许数据的价值不仅仅体现在数据量的“大”或“小”上，核心在于利用创新的数据分析方法去分析数据，这样才能帮助人类更深入、更清晰地理解世界。

1.3 京东：大数据在京东商城广告传播中的应用

1.3.1 公司概况

京东（JD. com）是中国最大的自营式电商企业，与腾讯、百度等企业跻身全球十大互联网公司排行榜前列。据相关资料，京东在2015年一季度的电商市场占有率达到了56.3%。目前，京东商品类别众多，包括家居用品、食品、服装鞋类、化妆品、电子产品和书籍等，旗下涉及京东金融、拍拍网、O2O、京东智能、京东商城及海外事业部。

京东致力于为消费者提供方便快捷的购物体验，针对网购产品交易与行为数据，京东开发了慧眼智能和用户画像系统，从而为企业的广告策略制订提供决策支撑；针对小家电的状态数据与用户行为数据，京东建立“微联”平台，为接入用户提供智能化服务，成为智能家居产业有力的竞争者。

1.3.2 主要做法

京东大数据平台利用京东电商产生的海量数据，致力于为各行业挖掘大数据价值，从而提供技术保证和解决方案。通过京东平台，京东商城从大数据与企业营销传播之间的关系入手，通过消费者画像和京东慧眼分别实现精准营销和智能决策。

（1）推动京东电商平台数据与其他行业开放共享。

发力大数据，布局移动互联网。在以移动互联网为依托的大数据时代，京东 CEO 刘强东认识到大数据在电子商务发展过程中的重要作用，通过不断地开发移动端技术和升级移动软件平台，把战略重点逐渐转移到移动互联网领域，使广告传播和品牌营销的渠道扩大化、多元化。另外，利用京东平台分析消费者的媒体接触习惯，从而有针对性地投放广告重点，借助互联网优势促进广告病毒式快速传播。

推动电商大数据与地理位置等数据融合。京东通过近几年来的数据积累和数据挖掘，已经形成了大量有价值的电商数据资产。借助京东庞大的消费者网上消费行为数据，并进一步与腾讯地图的地理位置数据结合，京东可以在一定地理范围内有效预测消费者的兴趣和购买习惯，从而为线下商家提供价值量更高的消费者数据信息。

（2）依托京东大数据平台实现精准营销。

通过消费者画像建模，了解消费者潜在需求。京东商城依靠消费者画像制订广告策略，通过分析消费者在京东的浏览、交易以及收货后的评价等信息，从而还原消费者的属性特征，包括社会背景、社交人群、性格特点、兴趣爱好等，然后通过 E-mail、短信、网站推介等方式，如图 1-8、图 1-9 所示，指导广告传播策略的制订和推广，实现基于消费者购买行为的精准营销。

选择性优化升级，实现个性化服务。京东根据消费者的网上购物习惯和购买心理，为用户提供更加便利的上网搜索。同时，根据消费者购物倾向的颜色、品牌等内容，京东不断完善其短信提醒、电子邮

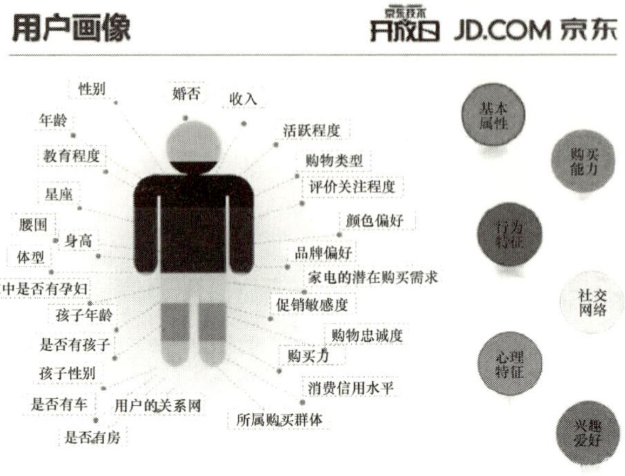

图 1-8 用户画像示意图

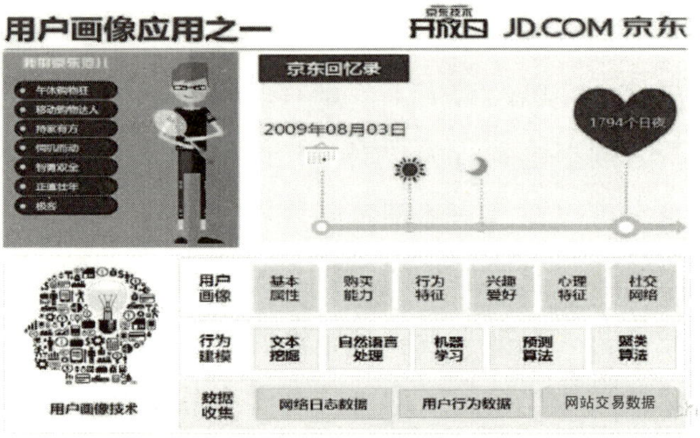

图 1-9 用户画像应用示意图

件群发等功能，为实现全方位精准营销和定向推送奠定基础。

分析消费者评价，实施针对性改进措施。客户评价的内容丰富，包括产品满意度以及对产品功能等各方面的期望等，通过深入挖掘客户评价数据，电商企业在清楚自身优势的同时，可以发现潜在问题。如通过挖掘淘宝的用户消费和评价信息，发现消费者对淘宝的物流满意程度较低，尤其在各类促销活动期间。京东则自建物流体系，将“快”作为企业品牌传播的一大特色，为企业赢得了良好的口碑。

针对消费者开展聚类分析，实施差异化广告投放策略。通过大数据分析消费者属性，可以较为精准地将消费者分类分群，如图 1-10 所示，从而帮助企业设计出迎合各类消费者口味的广告，使广告在合适的时间以合适的内容通过合适的媒体传达给合适的人群，从而提升广告的传播效率，既节省了成本又达到了良好的传播效果。

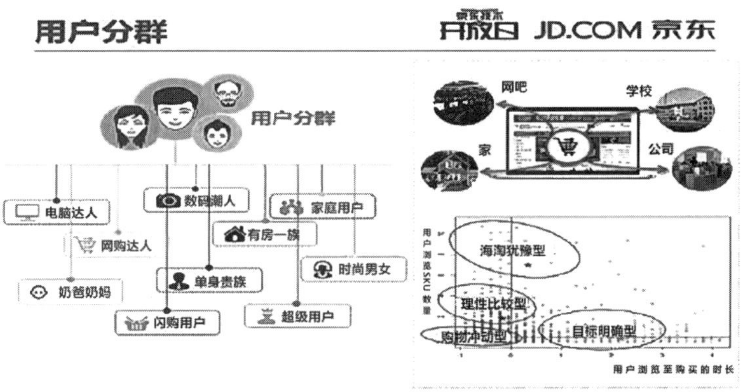

图 1-10　用户分群示意图

(3) 以大数据为依托推动智能营销决策。

利用文本挖掘技术分析京东评论数据等非结构化数据，支撑线下商家决策。消费者使用搜索引擎是较为被动的营销方式，而当消费者使用搜索引擎时，京东发现消费者经常直接表达自己的购买意图，如送“父母”、送“朋友”等，商品评价中也经常出现相关词汇，但很少有商家会将这类词放到商品描述中。通过挖掘消费者评论信息，将消费者有效分类并开展差异化营销，从而实现最大限度地为消费者提供便利。

基于电商大数据，打造 C2B 智能决策系统。京东对于大数据智能决策的应用体现在搜索界面优化和站内广告推荐方面。京东的搜索界面并非固定，而是定期根据消费者的消费行为数据分析结果进行更换。在京东购物时，网站可以根据消费者信息开展智能排序，以适应消费者的购买习惯。另外，根据消费者对品牌的关注程度，网站首页的品牌推荐也会不断更新，从而迎合消费者品味（如图 1 - 11 所示）。

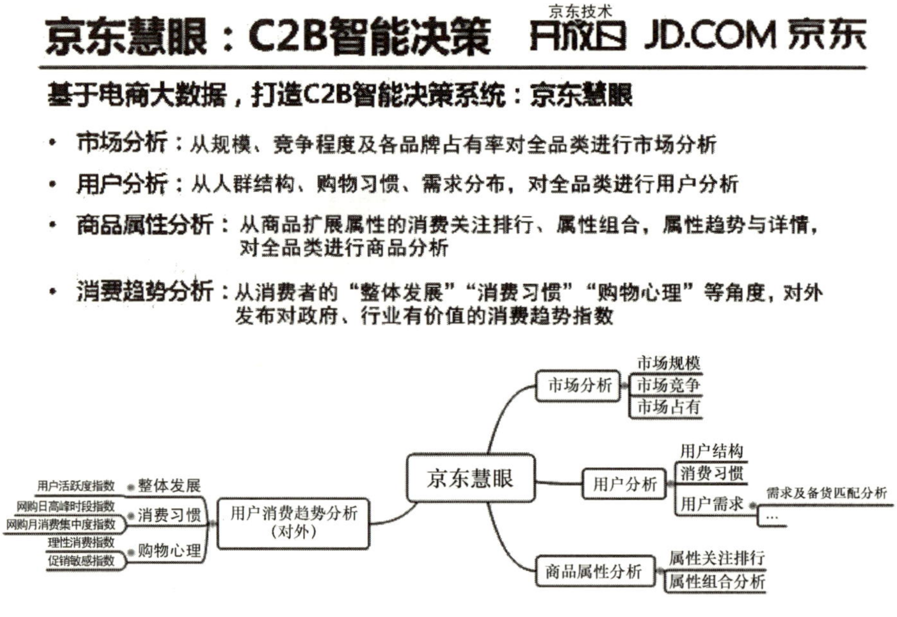

图 1 - 11　京东慧眼示意图

利用京东智圈，提升线下商业运营绩效。京东智圈以地理位置、商业活跃数据为基础，通过打通消费者线上、线下数据，为线下和线上商家提供大数据服务。京东智圈会为商家提供三个方面的决策依据，第一是商业环境，包括整体环境（从住宅、购物等 5 方面分析商业环境）和行业环境（分析服装、超市等各行业竞争情况）；第二是商圈所在行业特点，运营独特性，包括品类畅销、品牌畅销、商品畅销价位段排行及趋势；第三是消费者行为，包括商圈人群性别、年龄、职业、兴趣爱好、促销敏感度、评价关注程度等（如图 1 - 12 所示）。

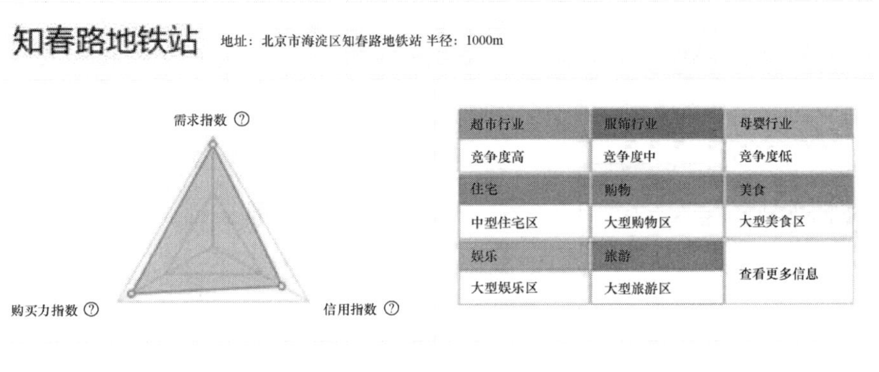

图 1 - 12　京东智圈示意图

挖掘社交软件信息，投其所好实现千人千面。利用用户的社交平台个人信息，如微信、微博等，分析用户的兴趣爱好和生活状态心情等，可以进一步地了解用户生活需求和性格特点。借助产品推荐系统，为不同消费习惯和消费需求的消费群体推荐其本人喜欢的产品，使得消费者更容易接受广告推荐而不会反感。

1.3.3 案例点评

（1）以开放共享的理念推进数据平台建设。发挥数据开放共享对发展创新的支持作用，为企业改进业务流程、优化管理决策提供保障。实现数据内部共享与开放，可以使企业不同业务、不同部门把精力重点放在决策与创新上。实现数据在企业与外部间的共享与开放，可以为企业经营决策获取更多的资源支持、数据支撑，同时提高企业的社会贡献度与品牌形象。

（2）重视消费者体验，推进大数据应用创新。京东高度重视大数据的创新应用，利用慧眼智能和消费者画像系统，为实现精准营销奠定了基础。同时，京东一方面以消费者为基准，从消费者需求出发驱动产品的设计与生产，将大数据有效应用到营销实践；另一方面，也为京东物流低成本、高效率、快运转提供了大数据支撑。

（3）创意为本，重视应用互联网思维。京东在广告传播中重视互联网思维和创意思维，在宣传自身品牌形象的同时，也有效吸引了大众视线。利用互联网传播速度快等优势，京东通过网络媒体促成广告“病毒式”的传播效果，在扩展传播范围的同时，提高受众到达率。

2

并 购 重 组

本章案例要点

中国建材：通过在股份公司、业务平台以及生产经营三个层面探索投资并购，保障中国建材集团战略决策的主导控股地位，降低企业资产负债率，实现市场机制引入央企内部，提高了企业的产权制度效率，有效提升了企业效益和竞争力。

万向集团：作为中国最大的汽车零部件企业，其成长之路在某种意义上走的就是一条并购之路，即围绕汽车零部件产业链，长期持续并购优质的汽车零部件商，不断补强弱项，逐步建立了在汽车零部件领域的领先地位。在并购历程中，坚持以战略资产互补作为并购对象的选择原则，采取审慎并购策略控制风险，对海外资产实行本土化管理等，相关做法对我国其他企业并购重组具有重要启示。

思科：思科公司以雄厚的财力和精通业务的经理人员，抓住市场转向比研发速度快的特点，依据在每个市场中占据前两名的原则，瞄准新创公司以扩展现有的产品系列或支持全新的计划，长期采取通过并购进入新市场的策略。思科的并购之道主要包括五点：一是依靠并购快速获取战略资源，二是长期战略和短期绩效评估相结合，三是控制并购风险，四是温和融合，五是对续留人才持续激励。20 多年间凭借超过 190 余次的并购，思科成了世界最大的网络设备生产和服务公司。

当前，我国经济正处于全球化转轨中的新兴市场经济发展阶段，并购重组在这一时期有着巨大意义和价值。并购重组能够充分发挥资源优化配置作用，有利于培育新的经济增长点，发展先进生产力；在市场上，通过发现被低估价值的企业开展收购以及诸多有发展潜力的企业通过并购重组实现主营业务调整，对于发展控制权市场、优化公司法人治理，以及推进我国企业更好地融入国际经济、顺利实现经济转型和结构调整发挥积极作用。

能源电力企业大多是大中型中央企业与国有控股公司，通过股权转让、资产重组、股份回购等多种手段，能够有效盘活沉淀的国有资产，增强国有资本的流动性和盈利能力；也可以嫁接技术和资本、推进公司治理结构的改善，为企业长远发展奠定坚实基础。对并购重组的深入拓展值得能源电力企业思考。

本报告分别选择了一家中央企业——中国建材集团、一家民营企业——万向集团与一家国际企业——思科，深入分析并借鉴三家典型企业在并购重组过程中的典型经验与做法，期待能够给能源电力企业如何深化开展并购重组带来不同角度的启示。

2.1 中国建材集团：并购重组推进央企市场化运作

2.1.1 公司概况

中国建筑材料集团有限公司（简称“中国建材集团”，英文简称 CNBM），成立于 1984 年，2003 年成为国资委直接监管的中央企业，是集科研、制造、流通为一体的中国最大的综合性建材产业集团。资产总额超过 4600 亿元，员工总数近 18 万名。2015 年，中国建材集团营业收入 406 亿美元，利润 4.8 亿美元，排在《财富》世界企业 500 强第 270 位，在全球建材企业中列第 2 位。

作为竞争领域快速成长的央企，中国建材集团以市场化为导向，近年来致力于水泥、玻璃等产业的并购重组，以新型建材、新型房屋和新能源材料为发展重点进行深度拓展，依托资本运营、联合重组、管理整合和集成创新，10 年间年复合增长率超过 40%，目前已发展成为治理规范、管控科学、市场化运营的产业控股型集团公司。集团公司负责战略制订、总体决策、核心资源调配以及统一企业文化等职责；下属子公司则打造成为经营性平台，围绕各自核心业务、突出重点，构建利润中心，不断提升公司品牌形象，拓展市场占有率。

以时间顺序为轴，回顾梳理中国建材并购重组的资本运营之路，如表 2-1 所示，有以下几个重要发展阶段。

表 2-1　　中国建材集团并购重组发展历程

阶段	年份	发展情况
第一阶段	1984—2000 年	围绕新型建材，先后建起石膏板、岩棉、塑料地板等一批新型建材企业，发挥示范和导向作用
第二阶段	2001—2005 年	从新型材料转向水泥等建材主流行业，着力解决产能过剩、无序竞争，为整合水泥行业，兼并中小企业，并实现与中国建筑材料科学研究设计院和中国轻工业机械总公司的重组，转型为综合性建材产业集团，实现了战略定位的重大转变
第三阶段	2006 年至今	2006 年实现股份有限公司上市，启动了联合重组与资本运作两个轮子，并购组建南方水泥、北方水泥、西南水泥等大型水泥集团，实现全国淮海、东南、东北、西南各区域战略布局，进入规范治理和稳定发展的新阶段

2.1.2 主要做法

由于民营企业在我国水泥行业一直占据较大比重，中国建材通过融合社会资本、利益共享，推进与民营企业从竞争向合作的转变；通过并购重组，实现股权结构多元化；积极推进“央企市营”，实现内部机制市场化。其主要做法可以归结为以下几点：

（1）推进竞争向合作的转变，实现整体行业利益最大化。

中国建材把并购重组企业的目标纳入“成为世界一流的建材生产商，为股东创造最大回报”的总体战略目标中，通过并购重组取得规模效益，通过市场竞合抑制恶性竞争，促进整个行业的健康发展。

建材行业的现状是中小企业分散、产能过剩严重，以及整个行业面临价格、质量等方面的恶性竞争。中国建材围绕国家产业政策调整，充分发挥央企的主导作用，在水泥、玻璃等领域开展大规模区域性的联合重组，引领行业结构调整，促进行业结构优化，推动了建材市场的健康化发展。

在并购对象选择方面，中国建材主要选择关键市场区域内的具有一定规模、经济效益好或潜在价值较大的骨干企业作为重组对象。此外，重点关注并购后上述企业与中国建材内部企业的整合与协同效应。

在并购政策制订方面，中国建材制订了收购政策的“三个不变”。一是保留收购企业经营团队；二是保留收购企业原有优良的运行模式，可持续性地进行经营发展、产品营销应用以及渠道网络建设；三是给予 3～5 年的过渡期，维持原企业商标不变。此外，其他诸如保障定价的公平合理、向并购者提供股份、打造经营团队转变为职业经理人等举措，通过实施这样的并购整合政策，用公平实在的收益吸引重组企业加入，推动行业整体利益最大化。

（2）以央企控股为核心，推进股权结构多元化。

中国建材积极推进从全部国有产权向股权结构多元化的转变，通过上市、引进战略投资等多种形式吸纳社会资本，实现国有资本对民营资本的有效撬动。以中国建材推动南方水泥联合重组为例，在树立央企核心控股地位的同时，让渡南方水泥的部分股权给那些出售给中国建材的民营企业。在具体操作执行过程中，注重中央企业在技术引领、信息获取、国际视野、资质信用等方面的优势发挥，剔除效率低下、流程冗长等国有企业的典型弊端，并保留民营企业在市场经营中的优良做法、灵活机制，充分参与市场竞争，为股东、为客户、为员工创造价值，不断提升效益效率。

具体来看，中国建材集团在股份公司、业务平台以及生产经营企业三个层面实现股权多元化。

第一层，在股份公司层面，中国建材股份公司等吸纳大量社会资本，通过优化股权结构，建设规范的、具备良好治理结构的上市公司。

第二层，在所属业务平台层面，即在中建材下辖的中联水泥、南方水泥等四大水泥公司业务平台上，推进中建材“央企”与民营企业的交叉持股，实现国资与民资所有者的共同利益。

第三层，在具体生产经营层面，给加入中建材的原企业所有者保留 30%左右的股权，积极拓展股东型管理层持股，规范开展员工持股。三层股权结构保障了集团公司在顶层设计时制订战略决策中的关键引领地位，优化了集团中间层控股地位，确保了具体生产经营响应市场需求的灵活性，降低了集团层面的整体资产负债率，同时实现了央企内部市场机制的切实引入。

(3) 积极推进“央企市营”，实现内部机制市场化。

“央企市营”，即推进中央企业科学、灵活地运用市场机制，依靠市场经济运行的规律做强做优。具体来看，“央企市营”包括两方面含义：一方面，从资产归属来看，中建材是国资委监管的国有企业。作为中央企业，需要保持国有控股地位，承担政治责任和社会责任，并创造良好的经济效益，落实国有资本“放大功能、保值增值、提高竞争力”的要求。另一方面，“市营”是指市场化运作，是指将市场机制真正引入到央企内部，进一步健全现代企业制度，提高企业整体竞争优势与企业经营效率。

积极探索市场化运营，有效激发不同性质资本活力。主要做法包括：

一是健全现代企业制度，规范法人治理。理顺董事会、监事会、经理层的责任与义务，实现管控与授权的有机统一平衡，建立外部董事制度。中建材最初按照企业法注册，未设立董事会，也未引进外部独立董事。在不断发展壮大的过程中，中国建材按照《公司法》规定建立公正独立的董事会，明确法人主体地位，逐步建立科学规范的治理结构。此外，在董事会中引进外部董事，并占据较大比重，一些专业委员会的主任由外部董事担任。在中央企业中，外部董事能够进入公司决策层参与重大战略事项的决策比较少见，中国建材的做法使得内部人控制和一把手“一言堂”的机制得到根本转变，推动了公司决策更加科学、透明。

二是加强内部激励市场化等机制设计。在集团内部，实现了人员选聘、用工分配与市场接轨，切实做到了干部上下贯通、员工能进能出、收入则根据绩效表现能升能降。着眼于员工与岗位的高效匹配，中国建材全面推行了用工、分配、人事三项改革，着力压缩层级、精简部门、去除冗员，建立起适应市场化运作的各个单元，实施平台公司总部制或省级区域公司制，而在成员企业中则实施“7＋N”，即统一标准化模块设置，每个成员企业设置 7 个经济职能部门，以及 N 个制造分厂，从而确保基层能够快速响应市场需求。

同时，在各个区域中，因地制宜、一厂一策，实现企业内部机制市场化运作。

三是不断完善职业经理人制度。通过市场化方式聘任董事和职业经理人等高管，通过市场化手段进行充分管控与授权，着力解决国有企业普遍面临的委托代理问题。建立市场化的选聘渠道，通过“猎头搜索——科学筛选——面试考核——谈判选聘”的流程在市场挖掘人才；进一步加强内容管理融合，为重组企业管理团队搭建平台，针对优秀的经营管理者实现职业经理人的转化。中国建材联合重组了几百家企业，包括国有企业以及一大批民营企业，针对竞争意识强、具有企业家精神的优秀民营企业家，通过股权分配、管理层持股等方式保留优秀人才，进一步培训转化为职业经理人。同时，结合集团内部国有企业管理人员、市场化职业经理人同时存在的现状，通过制订差异化的管理与激励策略，保障发挥各自优势，形成整体合力，为企业提供了坚强的人力资源保障。

(4) 推行“格子化”管控，实现集团公司与并购企业的规范管理。

经过近几年的快速扩张，中国建材集团并购的民营企业接近上千家，规模不断扩大，如何避免大而不强，进一步统一优化管理模式、体现企业统一对外的规模效应等问题逐渐凸显。为此，中国建材集团依据行业特点与企业实际情况建立起一套独特的“格子化”的管控体系，以确保并购企业能够围绕集团公司规范运作（见图 2-1)。“格子化”管控模式主要包括治理规范化、职能层级化、业务平台化、管理精细化和文化一体化。通过这套体系的实施，中国建材实现了资本、资源和企业文化等方面的高度融合，有效克服了企业快速扩张而导致的管理混乱、投资低效、流程冗长等问题。

以职能层级化与文化一体化为例，在职能层级划分方面，中国建

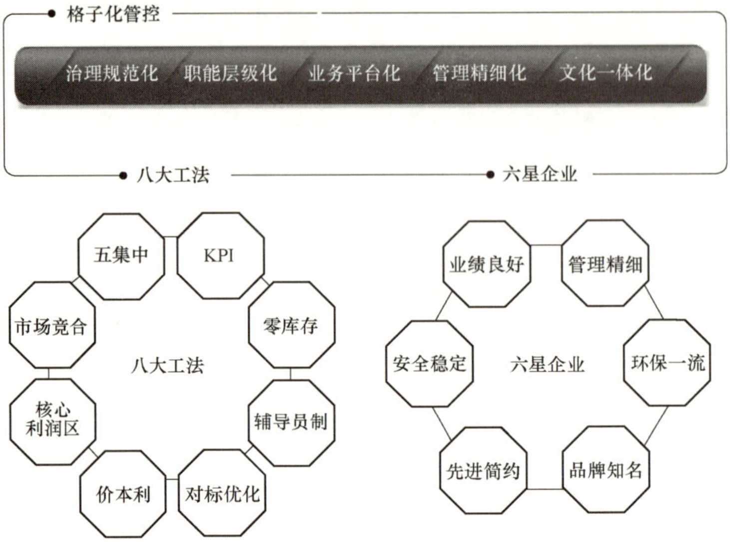

图 2-1 中国建材“格子化”管控模式

材集团将各级公司，即股份公司、平台公司、区域公司、成员企业进行分工，明确各层级的重点任务，实现决策、利润与成本的分层管理，优化各层级职权配置。股份公司负责战略决策制订，重点掌握固定资产和股权投资；平台公司实施具体运营，负责对利润中心的精细化管理、技术改造等；区域公司负责实现利润、统一供应物资与原材料等；成员企业作为成本中心，负责具体的成本管控和生产经营等，从而形成从上至下的高效管控体系。

文化一体化方面，为实现“央企市营”的顺利运营，中国建材始终倡导“包容文化”，兼容并蓄、海纳百川。这不仅体现在并购重组的谈判进程中，让对手企业通过转让股份加入中国建材，实现了与昔日竞争对手的联合，实现双赢。同时，针对并购进入中国建材系统内的大小企业，中国建材通过营造“三宽三力”（待人宽厚、处事宽容、环境宽松及向心力、亲和力、凝聚力）的文化思想，在保留成员企业差异化的同时，实现了企业文化的统一，加强了文化认同感，营造了上下一体化的和谐氛围。

2.1.3 案例点评

中国建材通过推进并购重组，在股份公司、业务平台以及生产经营等三个层面探索推进股权多元化，同时深入探索“央企市营”，将市场化机制引入央企内部，有效提升了企业经营效益和竞争力。其主要启示包括：

（1）用公平实在的收益吸引重组企业加入，实现了并购重组对象由竞争向合作的转变。中国建材通过选择关键市场区域内具有一定规模、经济效益好或潜在价值较大的骨干企业作为重组对象，制订“三个不变”的收购政策，充分发挥了中央企业的影响力和带动力，在水泥、玻璃等领域开展大规模区域性的联合重组，引领行业结构调整，促进行业优化整合。

（2）以央企控股为核心，在股份公司、业务平台以及生产经营三个层面探索实施股权多元化。在股份公司层面，实现股权结构多元化，建设治理结构科学高效、统一规范的上市公司；在所属业务平台层面，积极引入战略投资等社会资本，实现所有者交叉持股；在生产经营层面，发展股东型管理层持股，探索开展员工持股。

（3）推进“央企市营”，实现内部机制市场化。积极探索市场化运营模式，通过股权多元化、公司制与法人治理制度、职业经理人制度、内部激励市场化等机制设计，实现了不同性质资本间的深入融合，有效激发了企业集团创新活力，促进了企业的整体发展。

（4）形成一体化管控体系，实现集团公司与并购企业的规范管理。运用“格子化”管控模式实现了资本、资源和文化三方面的高度融合，克服了因企业规模扩张而容易出现的管理失控、投资混乱、效率低下等问题。特别是在企业文化一体化方面，通过倡导包容文化，在保留成员企业差异化的同时，实现了企业文化的统一，加强了文化认同感，营造了中建材一体化的和谐氛围。

2.2 万向集团：跨国并购拓展产业链

2.2.1 企业概况

万向集团公司（简称“万向”）创立于1969年，前身为萧山宁围人民公社农机修理厂。创始人鲁冠球从4000元资金，7个人的铁匠铺起家，至今已发展成为一家拥有4万余员工的现代化跨国企业集团。万向以制造和销售汽车零部件为主业，经历了从零件到部件，再到系统模块供应的发展轨迹，现有专业制造企业32家，制造基地160个，形成了汽车零部件行业为主，农业、地产、金融等多业态发展模式。2010年，万向集团公司被中国工业经济研究院评为中国制造业500强，汽车行业第8位，汽车零部件业第1位。2011年，万向基于汽车零部件及系统的“三位一体”创新体系[1]建设荣获国家科技进步二等奖。2015年，在中国企业联合会、中国企业家协会联合发布的中国企业500强排名中名列第114位。

万向重要的发展战略是产业链并购。早在20世纪80年代初，万向就选择了外向型发展道路，很早就开始考虑走出国门。2000年万向美国公司整体收购美国舍勒公司，使得万向的产品走上了美国的货架，开启了海外并购道路。随后15年间，万向先后收购了LT公司、UAI公司、洛克福特公司、PS公司、ACH公司、DS公司、A123系统公司及菲斯科公司，通过一系列成功的收购和整合，万向成功打造了实力强劲的汽车零部件产业链，并向新能源汽车整车布局发展。万向是目前世界上万向节专利最多、规模最大的专业制造企业。在美

[1] 创新体系：从企业层面实施全面协同创新，从产业层面实施链合互动创新，从全球层面实施资源整合创新。

国制造的汽车中，每两辆就有一辆使用万向零部件。目前，海外销售业绩占到集团总体业绩的近两成，见图 2 - 2。

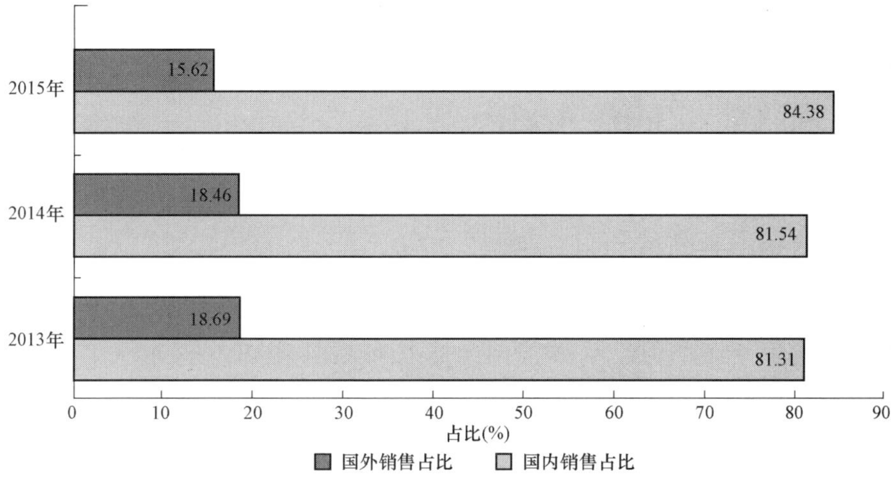

图 2 - 2　万向近三年国内外销售情况

2.2.2 主要做法

万向在 20 多年的海外并购发展中，聚焦产业链布局，步步为营，逐步进入西方主流市场，打造国际化“万向”品牌。在并购中通过交易时机和结构设计控制风险，确保海外并购取得成功。此外，对海外并购企业推行本土化治理，推动海外业务真正融入当地市场。

(1) 步步为营，围绕产业布局实施战略并购。

万向通过 20 年的收购，保持一贯专注风格，按照产业及战略规划布局拓展市场和并购。借助并购，万向掌握专利技术提升制造能力和产品质量，获得原有企业品牌和销售渠道，借此进入西方主流市场，打造“万向”品牌。万向海外并购可以分为三个阶段，其中第一个阶段是市场熟悉准备阶段，第二阶段主要围绕汽车零部件产业链收购，第三个阶段重点针对新能源汽车开展收购。

第一阶段：从开拓市场到设厂扎根。1984 年万向为美国舍勒公司贴牌生产，实现了第一批产品出口，开启海外市场拓展之路。万向在这个阶段产品主要是万向节，逐渐进入国外汽车维修市场和汽车零部件超市，随着出口逐渐增多，万向产品在国外市场逐渐得到客户认可。在 20 世纪 90 年代，万向开始考虑企业真正走出去，到国外设厂或合资建厂，并于 1994 年在美国成立万向美国公司，实施企业走出去和人员走出去。这期间，万向与美国通用公司签订供货合同，之后相继成了福特、克莱斯勒、大众等直接或间接的供应商。在这个阶段，万向主要还是停留在熟悉海外市场环境，与国外领先汽车商建立稳定的业务合作关系的层面上。

第二阶段：打造汽车零部件产业链。这个阶段真正开始了资本走出，通过海外并购来获取品牌、技术和渠道等战略性资源。万向聚焦汽车零部件产品领域，并购美国汽车零部件厂商（见表 2 - 2），包括洛克福特公司、ACH 公司、DS 公司等，不断强化汽车零部件产业链。比如收购舍勒公司，获得万向节专利技术、品牌和市场网络；收购 LT 公司，进入汽车轮毂的制造与营销业务；收购 PS 公司，进入汽车连接零部件市场，使万向成为美国三大汽车厂的一级供应商；收购美国洛克福特公司，提升“万向制造”的技术、品牌和市场；收购 AI 公司，进入模块装配及物流管理业务。

表 2 - 2　万向强化零部件产业链开展的跨国并购事件

时间	收购对象	事件说明
2000 年	整体收购舍勒公司	舍勒公司是美国汽车市场三大万向节零部件生产供应商之一，获得专用设备、品牌、技术专利及全球市场网络，从事万向节的营销业务
2000 年	收购美国 LT 公司	成为第一大股东，从事汽车轮毂的制造与营销业务

续表

时间	收购对象	事 件 说 明
2001 年	收购美国上市的 UAI 公司	成为第一大股东，从事汽车制动器的制造与营销业务
2003 年	收购美国洛克福特公司	成为第一大股东，主要从事汽车传动零部件的制造与营销业务
2005 年	收购美国 PS 公司	从事汽车连接零部件的制造与营销业务
2007 年	收购美国 AI 公司	成为第一大股东，从事模块装配及物流管理业务
2008 年	收购美国福特零部件业务	ACH 在美国密执安州蒙洛的传动轴工厂
2009 年	收购美国 DriveSolWorldwide	汽车转向轴业务的所有有效资产

第三阶段：开启新能源汽车之路。万向坚定走电动车发展之路。2014 年鲁冠球公开表示，“我会把万向挣到的每一分钱都用来制造电动车。我会大量烧钱，直到成功。或者万向崩盘为止”。鲁冠球在新能源汽车上的投入与坚持也有目共睹，但过去只是依靠自主发展的效果并不太好，于是选择了并购与合资的方式。2010 年与美国 Ener1 公司合资，在杭州建立全自动化的电芯及电池系统生产基地；2013 年收购了美国电池企业 A123 公司，这是一家被誉为清洁能源汽车产业的标杆性企业，通过这次收购获得了电动汽车的电池核心技术；2014 年收购了电动汽车制造商美国菲克斯公司，获得新能源汽车的整车技术和知识产权，至此在美国形成了一条完整的电动汽车生产产业链。

（2）目标聚焦，瞄准战略性资产选择并购对象。

在战略并购中，实现互补增值是企业选择并购对象的重要原则，即并购对象要拥有互补性强的战略性资源。从万向并购的一系列事件来看，它所并购的企业往往具备三个特点：一是属于历史悠久的业界知名企业，二是汽车零部件主要供应商企业，三是拥有关键核心技术的零部件企业。

历史悠久的业界知名企业。在万向并购的企业中：舍勒公司成立于1923年，至2000年并购时点已经拥有77年的发展历史；洛克福特公司成立于1890年，至2003年并购时点已经拥有113年的历史；PS公司成立于1933年，至2005年并购时点已经拥有72年的历史。这些老牌公司在欧美市场上基本都是有较大影响力的公司，甚至是汽车某个零部件领域的国际知名品牌，比如PS公司就被克莱斯勒公司评为2005年“金牌供应商”。通过收购这些企业，可以获得收购企业较高的品牌价值，充分利用其较为成熟的市场网络较快地建立起自己的品牌形象，有助于万向快速、低成本打开欧美市场。

汽车零部件主要供应商企业。尽管万向收购的企业规模不算大，但是这些企业在特定汽车零部件领域通常具有领先地位，是美国汽车产生的主要供应商。万向通过对这些汽车零部件主要供应商进行收购，快速增强在汽车零部件领域的领先地位。收购企业中：舍勒公司是美国汽车市场三大万向节零部件生产供应商之一，在欧、亚、美、澳各大洲设有分公司；LT公司是供应美国汽车轮毂单元的最大制造装配商之一；美国UAI公司是美国汽车制动器零件的主要供应商之一，在美国制动系列产品的维修市场拥有“霸主”地位；洛克福特公司是汽车翼形万向节传动轴全球最大的一级供应商，占全美如卡特匹勒、约翰·迪尔等主机配套市场70%左右的供货量；PS公司是福特公司最早的核心供应商之一，是克莱斯勒、通用汽车等公司的一级供应商。

拥有关键核心技术的零部件企业。获得核心专利技术，是万向跨国并购的重要动因之一。目标企业是否具备万向想要的关键核心技术，是万向并购决策的重要考量因素。在收购的企业当中，美国洛克福特公司在万向节领域拥有大量的产品专利、先进的监测技术中心、一支非常优秀的研发队伍；它收购的 A123 系统公司是汽车零部件翼形万向节传动轴的发明者，以雄厚的技术开发能力与测试手段，在美国本土化处于行业顶尖地位；它收购的美国 AI 公司是专门从事模块装配及物流管理的公司，不论是规模或技术上都居于世界领先地位。通过这一系列的收购，万向逐步实现获取汽车零部件产业链中的核心技术和知识产权，收获了一批科学家，提升了企业的核心竞争力，推动企业逐步向附加值更高的产业链环节延伸。

(3) 审慎策略，交易时机和结构设计控制风险。

万向在海外并购中采取审慎策略，等待并购的最佳时机，不急功近利，并且注重交易结构的合理设计，通过这些手段有效控制交易风险。

选准并购时机。以并购舍勒公司为例，早在 1990 年，由于市场竞争加剧和决策失误的原因，舍勒公司经营绩效变差，主动联系万向，愿意以 1936 万美元将公司卖出。但是，万向并没有急于出手，而是详细调研了舍勒公司的资产情况。到 1998 年，舍勒出现了严重亏损。此时，万向了解到另一家美国公司 LSB 也有意参与收购，但是它不需要舍勒的品牌、专利等无形资产。万向设计了一个各取所需的联合收购方案，最终仅以 42 万美元获得了舍勒的品牌、技术专利、专用设备及全球市场网络，而 LSB 公司获得了舍勒的土地、厂房和工人。万向并购 A123 公司也是如此，鲁冠球早在 2010 年上海世博会就开始关注 A123 公司，然而当时这家企业是美国政府新能源战略扶持的明星企业，风头正盛，不是并购良机，采取循序渐进的方式跟踪这家公司，等到 2012 年了解到 A123 公司开始寻找潜在买方时，才立即展开行动。

交易结构设计。在并购A123的交易中，首先采取了分阶段支付的方式，每个阶段的支付必须满足一定条件才能继续支付。其次，第一阶段采用的是过桥贷款7500万美元，以A123公司的所有资产进行抵押，只要万向集团支付了贷款，就成为A123公司的第一债权人，其他企业想收购A123，就必须先与万向集团进行优先偿债的谈判。在并购美国UAI公司中，万向以280万美元购得UAI公司发行的200万股可立即转换的优先股，拥有相当于普通股的投票权。同时，为规避UAI的风险和分享未来收益，设计了3种认股权，即期限一年的80万股的认股权（价格2美元）、期限1年的80万股的认股权（价格2美元或交易前60天平均股价90%价格）、250万股违约认股权。万向如行使前两种认股权投票权可达31%，如全部行使投票权将达43.8%，两种情况下万向均成为UAI的第一大股东。

（4）本土治理，推动海外经营融入当地市场。

本土化发展是企业海外并购整合的普遍规律。万向采取的措施是，专门设立海外业务总部，采用本土化的治理机制，真正打造海外本土企业，取得了很好的发展效果。

专门设立海外业务总部。在万向集团的组织结构中，中国杭州的万向是中国业务的总部，万向美国公司定位于海外业务的“总部”，形成了“双总部”的组织架构。万向美国公司是一家在美国注册的企业，定位为一家在美国融资、在美国投资的投资性公司，是一家在美国及全球市场从事汽车零部件营销的实体经营性企业。以这样一家公司作为收购主体，遵守美国的法律法规，在美国能够享受当地法律保护和政策支持，容易获得当地人更多的信任感，随着经营时间越长，在当地融入度越高，避免政府和社会对来自中国企业并购的不信任。换句话说，对万向美国公司而言，美国境内的并购只是国内并购，而美国境外的并购才是跨国并购。再加上万向美国公司在当地开展公关活动，树立了良好的企业形象，当地政府和媒体就更加认同万向美国公司的理念和做法，这成了它在美国并购行动的重要支持因素。

实行本土化治理机制。首先按照国际通用的标准进行管理。公司财务账目、法律事务等，都由当地会计师事务所、律师事务所来承担，规范、监督和保障公司在符合美国当地的法律法规制度的情况下顺利运营。其次是采用本土化人员选聘和管理。万向美国员工主要通过美国当地招聘而来，所有员工中中方人员只有 6 人，其余 900 多名都是来自美、英、德、澳等国家的人员，包括部门经理等要职也都是采用外国人担任。同时，按照美国当地标准和国际惯例管理员工，待遇采用美国当地薪酬水平。最后是设立本土经营激励制度。万向在 2001 年推进产权改革，在美国公司设立经营者基金，规定集团投入仍归集团所有的前提下，每年利润增长超过 26.58%的部分划入经营者基金，归该公司经营者所有，基金可以通过购买新股的方式，逐步转化为总额不超过 40%的公司股权，以此来激励经营者创业的激情。

2.2.3 案例点评

万向从一家民营小作坊企业起家逐步发展，依托步步为营的海外并购逐步提升实力，取得了较大的成功，成了民营企业海外并购成功的典范，其并购发展的实践经验值得我国企业学习借鉴。

(1) 远见卓识，要有全球视野。万向今天取得的成功，与领导人的远见卓识和全球视野紧密相关，敏锐地把握国际国内市场变化，主动调整结构和布局，果断走出国门。早在 20 世纪 80 年代就开始走上了外向型发展的道路，面向国际市场寻找出路。实践证明，万向通过海外并购，寻求海外资源，取得了巨大成功，显著提升了技术能力、制造能力和品牌影响力。在经济全球化发展的今天，树立全球视野和国际开放的发展理念，利用国际市场资源提升竞争力，值得我国许多企业家参考。

（2）循序渐进，不搞“大跃进”。万向并购发展之路，走的是一个循序渐进的征途，稳扎稳打，不搞“大跃进”。前后经历了三个发展阶段，在第一阶段是从开拓海外销售业务到海外设厂，属于熟悉海外市场环境阶段，第二阶段聚焦汽车零部件并购优质资产，第三阶段进入新能源汽车领域，前后经历了三十年。这个过程就是深耕汽车零部件领域，逐步拓展产业链，向整车方向发展。这种循序渐进的海外发展策略，有助于培养人才、积累经验，并且有效控制风险。如果一步到位的激进式并购扩展，往往会被机会主义所拖累。

（3）并购聚焦，获取战略性资源。从万向的并购事件综合可以看出，它知道自己真正想要什么，寻找的并购对象都具备互补性的战略资源。这些企业大多是老牌企业、主要供应商和拥有核心技术企业，这些正是万向所欠缺的，依托老牌企业可以获得知名品牌，依托主要供应商可以获得优质的市场渠道，依托知识产权拥有可以提升技术能力。万向正是坚持这种并购战略的聚焦，一以贯之，持续提升了产业链竞争力，获得广阔的生存发展舞台。这个经验尤其值得其他企业学习，以获得战略性互补资源为并购动机，而不是去盲目追求市场盈利为核心目的，能够给企业带来可持续的竞争能力。

（4）等待时机，关键时刻果断出手。万向并购之路取得的成功，总结起来就是一句话，那就是“正确的时间做正确的事情”，即善于等待和捕捉时机，一旦时机出现则果断出手。万向较多的并购对象曾经都是合作伙伴，长期持续地跟踪合作企业的发展变化，等待企业出现经营不善的时候寻求并购机会，这样的好处就是能够用比较便宜的价格获得优质的资产。

2.3 思科：靠并购成长的巨人

2.3.1 企业概况

思科系统公司（Cisco Systems，Inc）是全球领先的互联网解决方案提供者，它通过网络设备和应用方案，联结全球各地的用户、计算设备和网络，从而使得人们可以通过各种设备随时随地传送信息。1984年，来自斯坦福大学的计算机科学家共同建立了思科公司，总部位于美国加利福尼亚州的圣何塞。位于马萨诸塞州的Chelmsford和北卡罗来纳州研究三角园（Reseacrh Triangle Park）的分部则负责思科公司部分重要业务的运作。思科公司主要以向客户提供端到端的网络解决方案为主要业务，帮助客户建立起自己的信息基础设施或使客户与其他网络相连。思科的经营范围非常广泛，几乎覆盖了网络建设的各个方面，包括路由器、交换机等网络设备市场。网络信息快速增加，决定了必须有更新且更快的网络传输设备进行支撑，因此思科的市场一直处于快速增长和扩张中，最终思科成了全球增长最快的公司之一。

2015财年，思科在全球共有36 000多名员工，营收为491.61亿美元，同比增长4%。其中产品业务营收为377.5亿美元，同比增长4%，占比为77%；服务业务营收为114.11亿美元，同比增长4%，占比为23%。基于GAAP，思科净利润89.81亿美元，同比增长14%。

思科的发展历史是一部并购史，而思科的成功则是一个个“并购”计划的成功。由于并购后整合过程非常艰难，现实中收购案例的失败率高达70%，经历一次失败的收购不仅会使企业损失大量的时间和金钱，更会使企业丧失不可弥补的机会成本。相比之下，思科的收购成绩与历史令人瞩目。思科选择收购的企业基本均是具有相当发展潜力的高科技企业，思科运用其技术优势弥补当下公司发展的短板，从而提升思科整体的核心竞争力，同时帮助思科夺取更大的市场份额。从 1993—2015 年底，思科公司公布的收购企业数已超过 190 家。通过激进的收购战略，思科获取了发展所需的新兴技术、市场和人才，逐渐建立了在互联网网络设备行业的垄断地位，包括路由器以及各种相关设备技术。按照并购的交易金额，思科的并购史可以分为三次浪潮（见图 2-3）。

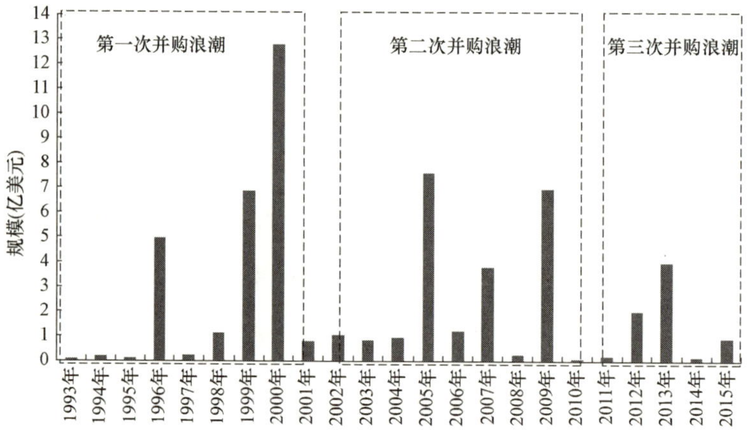

图 2-3 思科并购项目的三次浪潮（1993—2015 年）

2.3.2 主要做法

纵观思科的收购案例，可将其并购之道归纳为“五觉”策略（即痛、视、嗅、触、味），该策略不仅保障了收购企业在战略上的正确性，且解决了收购后双方整合与融合的战术性问题。思科的并购战略不仅关注被收购方的眼光与远见，同时关注它在客户方面的成功经验，关注它的人员与思科的人员能否协调等多个方面。

(1) 击“痛”点——通过并购快速获取企业发展所需的战略资源。

当今企业的战略发展路径大体可以分为内部生长型与外部扩张型

两大类。选择外部扩张型发展战略主要发生在内部生长的速度与能力不足以满足企业实现发展目标需要时，此时企业通过收购战略获取另一家企业的关键技术、产品，富有经验及能力的人才，和该企业已获得的市场和客户。通过获取上述企业的所有权和管理权，从而快速满足企业发展所需的战略资源需求。思科秉承外部扩张的发展战略，通过不断的并购整合，直击企业发展面临的痛点，满足企业对于新领域、新技术快速发展的需要。

思科的并购以市场需求为中心，通常是在新的科技趋势及自身发展需求的驱使下进行的。思科对于云服务提供商、光纤与网络接取技术厂商以及家庭网络设备厂商的收购都是其应对市场需求、通过并购快速获取企业发展所需的战略资源典型案例。云服务提供商：企业往往采用“多管齐下”的方法来运营其 IT 业务，即本地服务器、云服务器、第三方服务器。在该技术趋势下，2016 年 3 月，思科宣布以 2.6 亿美元现金加股权奖励的方式，收购混合云环境应用管理解决方案提供商 CliQr，扩大自己自混合云服务市场的规模。光纤与网络接取技术厂商：1999 年 5 月，思科以 60 多个亿购买了 Cerent 公司，试图在连接长距离光纤传输与本地接取网络之间实现发展突破，获取了联结不同类型传输方式的技术。思科公司取得了光纤网络研发的专业技术，并依靠 Cerent 的产品线以及其已有的坚实的客户基础、销售和服务组织，成功进军光纤通信网络市场，完成了称霸光纤科技市场战略目标的重要一步。家庭网络设备厂商：思科通过并购家庭网络设备市场翘楚 Linksys 集团，帮助公司快速抢占该市场，对接现代家庭需要并推出迎合客户需求的 Wi-Fi 手机。

(2) 重“眼”光——关注细分市场具有远见、快速增长的初创型领先技术公司。

思科总裁兼首席执行官约翰·钱伯斯认为，思科每并购一家公司，不仅是并购该公司目前的产品，同时也是着眼即将出现的新科技。思科并购后支出大量的薪水给被收购企业的员工，如果得到的只有既有的研究和市场占有率，而不是未来的可能性和前景，这项投资就是非常短视且失败的。思科在选择并购企业时，会对于该企业的长期战略进行考察，思科青睐于具有远见及发展前景的公司，及其将会带来的新的科技和创新成果，而不仅是当下的短期经营业绩。思科的丹・沙因曼这样描述对于被收购方的战略及发展前景的重视，如果收购方不去挑选意向领域的优胜者，必将付出痛苦的代价，因此思科从来都把赌注押在真正具有发展潜力、前景广阔的公司上。因此在挑选并购对象时，思科仅关注细分市场领先的小型公司，即每个新兴技术领域的市场份额前两名。

思科选择并购公司的另一标准是团队成员不超过 100 人的公司。思科选择并购小型初创公司主要基于以下考虑：一是并购小公司的成本较低，从而降低了并购的风险，如收购一家非常成熟的公司则风险会大大增加；二是小型初创型企业处于技术蓬勃发展的快速上升阶段，不仅能够为思科提供需求的研发及技术，且具有创新及发展活力；三是小型初创型企业更容易融入思科的文化氛围，为融合发展奠定基础。思科公司拥有自己对子公司发展阶段的判断秘诀，他们认为通常处于最佳阶段的公司一方面拥有成熟的最终产品，另一方面又非常灵活，可以融入另一家企业。

完成上述评估后，思科将注入 10%的投资以监视意向收购的新创公司的发展情况。思科在收购蒙特雷公司时，即用了几个月的时间去监视该公司的发展情况，直至思科认定蒙特雷公司确实可以帮助它进入市场巨大的光纤领域后，思科才买下其剩余股份。

(3)“嗅”文化——通过文化相近、地理位置合适等标准降低收购风险。

许多研究表明，并购整合的最大障碍来自一体化进程中不同企业文化的冲突。据调查，经历并购失败的公司中多数 CEO（约 85%）承认，导致并购失败的主要原因包括公司文化的差异和管理风格的不同。思科在进行并购对象的选择时，重要原则之一就是看该公司的文化是否与思科文化相容，最理想的并购对象就是能够真正与思科的文化匹配兼容的、与思科内部浑然一体的企业。在并购进行早期接洽时，思科的高层管理人员将会与目标收购公司的高管进行会面，并互相交换技术和人力资源等有关文件，思科会据此评价被收购公司的信息开放程度，因为这也是思科收购中的重要评估指标之一。对思科来说，如果被收购公司在提供文件时过度保密，则代表其文化中缺少真诚和开放的元素。此外，思科也非常看重被收购企业管理风格、股权分配等方面的情况，需要获取相关信息来对该企业文化的兼容性进行综合评价。例如被收购公司的股票主要集中于高层管理人员还是分散在若干投资者手中，该公司如何看待及对待员工，如何对员工进行管理，这些都是思科对被收购企业进行文化兼容性考察的指标。思科总裁钱伯斯认为，思科在并购过程中创造出了其兼容并蓄的企业文化，从而能够接纳来自不同企业文化背景的人，思科始终承认人的价值，认为头脑创造一切。

思科的收购团队会亲临目标公司做实地考察，从各种细节入手去感受该公司的真实文化氛围。此外，思科倾向于去并购地理上相对邻近的公司，从而从一定程度上简化整合工作，但是随着市场不断扩张，思科已将该原则逐步放宽。思科公司的收购小组会对被收购方进行多层次、多方面的整体考察评估。其中，工程师主要负责检查被收购企业的技术情况，财务人员主要负责对账簿进行核对，人力资源主要负责评估人才情况，此外还有其他专业部门对被收购企业的管理质量、风险基金等各个方面进行全方位的考察。通过上述评估，促使思科与被收购企业的融合更加顺畅。关于企业文化的全面感知和企业各方面情况的分析等准备为并购后的融合打下了坚实的基础。

(4) 无抵“触”——专业化进程实现温和融合，最大限度保留被收购方的员工和客户。

据统计，并购后一般情况下将有40%～80%的高层管理人员和核心技术人员离开公司，但思科并购的主要目的之一就是人才，所以其衡量一次并购是否成功的标准首先是被并购公司员工的续留率。为防止人才流失，思科一方面依靠并购前精心挑选与思科文化和价值观、远见相似的企业，以便于并购后的文化整合，同时思科非常注重对于新公司进行融合中的每个细节进行把控，最大限度确保并购后的过渡期保持平稳，从而尽可能留住更多员工。思科不仅要实现企业的整合，同时也要实现文化的整合，实现人及价值观的整合。思科并购公司的员工保留率通常可达到90%以上，核心人员的离职率只有7%，而硅谷人才的平均流失率在18%～40%。

思科的融合小组会对已被并购的公司专门制订信息包，信息包主要提供三方面的信息，一是思科的组织架构和员工福利介绍，二是公司通讯簿，三是对新并购公司所具有的战略重要性的阐述。在并购宣布当天，思科的融合小组就会进入该公司总部，主要完成三项工作。一是融合小组成员与被收购公司的成员进行分组谈话，明确思科对于他们的期望并回答这些员工的各种疑问。二是融合小组将与被收购的公司管理人员进行合作，从而确保将随并购进入思科的员工安排在最适合的岗位上。一般来说，产品设计部门、市场营销部门将会被作为独立的业务单元进行保留，而销售和制造部门则会被直接合并入现有的思科部门中去。三是收购交易完成后的次日，融合小组会为新加入的员工提供适应思科公司的一份特制计划。同时，思科公司吸收一家公司时，会做出不解雇雇员的保证。最后，思科的内部网络工程师将调试被收购公司员工的电脑，将开机画面设置为思科的内联网界面，以此标志收购的正式完成。思科在收购中始终注意细节，并购后尽可能留住更多员工，并尽快融合不同的企业文化。专业化的兼并进程实现了温和的融合，帮助思科最大限度地保留了被收购方的员工和客户。例如，思科公司对于 Cerent 公司进行收购时，其原有的 400 名员工仅有几个离开了公司。据统计，在思科现有的 3 万多名员工中，有超过 30%的员工来自于被兼并的公司。

(5) 触“味”蕾——保障并购后对于续留人才的甜点进行持续激励。

思科收购企业并进行合并后，其关键岗位仍以配备原收购单位的人员为主。包括思科的首席开发官，负责企业运营、交换机以及网络安全的几位副总裁都是通过并购来到思科公司的。温和的融合过程最大程度保留了被并购企业的员工，但更为重要的是如何激励并购人才保持持续的创新动力和工作热情。实际上，在并购实施之后，新加入思科的人员不但不会感到其创业动力下降，反而由于思科为其提供了更为宽广的舞台而显著提升了创业动力；思科对于新加入的员工来说，无疑是为他们提供更有前景的职业机会的大平台。新加入的“小思科”们被规划为思科公司的新增战略点，并将会继续保持相对独立的运行，同时与思科的其他相关产品线进行互补和协同，从而创造更多价值。

思科公司主要通过两种方式对于续留人才的甜点进行持续激励，使其内化为“思科人”并持续为企业做出贡献。

一是薪酬、股权激励。并购小组把新加入员工的信息录入思科系统后，员工的工资和股票管理计划会进行相应改变，新员工原来所持有的期权也都将被折算成思科的期权，同时他们将在并购完成后得到一份详细清单，帮助他们对比原公司与思科的各种待遇。新员工所获得的思科公司的购股权以及持续上涨的思科股票，对于加快融合、留住人才非常有效。

二是更加广阔的发展平台。对于许多初创的小型企业员工而言，加入思科意味着获取了更大的市场空间，以及更多机会与资源。例如在思科收购 Cerent 后，促进 Cerent 的技术与其他科技研发的整合和规格统一，提高了对顾客提供点对点解决方案的能力，使得它成功进入了之前未曾涉足的市场。同时，成为思科大家庭的一员后，Cerent 得到了很多来自思科相关科技专家的协助，同时大大提升了公司业务的权威性和影响力，北美许多决策者办公室的大门都为 Cerent 敞开了。这些变化为 Cerent 的老员工们提供了更为广阔的发展平台和更大的发展潜力，而这些资源对于加入思科以前的 Cerent 以及它的员工来说是难以获得的。

2.3.3 案例点评

思科集团的收购并购实践案例有如下几点启示：

（1）制订合理的收购标准，降低失败风险。

在面临一项新的技术需求时，可供选择的潜在收购对象比比皆是。如何制订收购标准、选择符合企业发展需要，能够与企业融合且持续为企业带来发展动能，并购风险小的潜在对象，则需要结合本企业的行业及技术特点、企业文化、管控模式等进行综合考量。在进行被收购方的衡量和选择时，思科运用的主要标准是规模较小且增长迅速，同时该企业是处在细分市场前两名领先地位的初创型技术企业。选择小型企业能够帮助思科在进行收购整合的过程中始终保有主导地位，同时小型企业也更容易融入思科的文化；另外，初创型公司将为思科注入充满干劲的新鲜血液，收购企业员工优秀的技术能力以及追求卓越的创新精神都是非常重要的元素。

（2）专业的收购团队保证收购流程的高效执行。

收购工作是一项包含收购前战略需求评估，企业考察评估，谈判及收购过程，收购后财务、人力资源、组织架构整合等多元进程的复杂工作，要保障收购工作的高效、合理运转，需要一支专业的收购团队。思科的企业发展部门为收购业务设置了专业部门，该收购部门囊括技术、谈判、法律、财务、人力资源等各个方面的专家，来负责思科收购业务进行过程中对于潜在收购对象的搜索、评估、选择、谈判以及最终收购实施，包括文化考察、收购后的温和融合，都是该团队的专业职能所在。同时，高效的收购能力能够保障企业尽快完成缺失技术的补充，在竞争的浪潮中始终保持领先。

(3) 注重收购企业与本企业的协同，实现文化融合。

并购的实施不是并购的终点，而是真正融合的起点。如何促使被收购企业最大化发挥作用，与本企业高效协同，实现大融合非常重要。在思科，被并购进系统的“小思科”主要提供新技术领域的产品，而“大思科”则负责提供整个网络系统，该网络系统由路由器、交换机、服务器、存储器、数据库、安全设备以及将它们连接在一起的各种 IP 协议和软件构成。思科凭借其在网络骨干设备、IP 协议等方面的垄断优势，带动“小思科”在原有体系中高效协同运作，产生了 1+1>2 的效果。因此，在并购过程中，应根据被收购企业的实际情况，制订相应的融合策略，对于其组织架构、人员安排、运作模式、与本企业相关部门的合作方式等进行系统研究，同时运用温和的方式将思科文化慢慢渗透到新的团队中，实现法律意义上的并购后真正的整合。

(4) 续留人才是收购工作的关键所在。

企业的成败往往在于对人才的把握和培养。在互联网时代，思科认为对其发展最大的威胁并非来自网络竞争中的老对手，而是拥有顶级技术开发人员，如雨后春笋般蓬勃发展的小型创新公司。公司并购的意义，不止于购买科技力量和市场份额，更重要的是通过兼并来网罗高级工程技术人才和优秀企业管理人才。同时，思科一直以来始终坚持把被收购企业员工的续留率作为衡量每次并购是否成功的首要标准，通过妥善的政策和措施续留并购公司人才，同时为续留人才提供更加优厚的待遇以及更高的发展平台，确保收购后的人才持续发热，创造价值，这样才能促使企业逐渐成为聚集大量高水平科技人才的高地。

3

国　际　化

本章案例要点

通用电气：GE 自 20 世纪 80 年代开启国际业务，现在的 GE 业务遍布 175 个国家，雇员超过 30 万人，超过 70%的利润贡献来自海外，成为全球最知名的跨国企业。GE 国际化取得的成绩除了来自于卓越而富有远见的战略决策之外，还有三个非常重要的决定力量，即适用于全球业务开展的“三维立体组织架构”、本土化的人力资本策略以及“群策群力”的企业文化。

海尔：海尔集团通过在不同发展阶段实施不同的国际化发展战略，将自主扩张与海外并购相结合，树立了“先难后易”的进入市场模式，借助“三位一体”和“三融一创”的本土化管理运作，推进品牌的国际化发展和美誉度的不断提升，促使海尔文化与当地文化融为一体，实现了企业在理念国际化、人才国际化、产品国际化、技术国际化和市场国际化等多维度、全方位的国际化发展。

联想：通过实施“保卫与进攻”并购战略，组建本地多元化团队，全链条多区域贯彻联想 4P（Plan 想清楚再承诺，Perform 承诺就要兑现，Prioritize 公司利益至上，Practice 每一年每一天都在进步）企业文化，在全球范围内建立多个研发中心等，有效集聚优质资源，极大降低运营成本，提升配置效率，快速融入当地市场，为企业全球化经营战略的实现提供全方位支撑。

2008年美国金融危机爆发以来，中国企业海外并购活跃，中国能源电力企业也抢占能源资源价格走低的机遇期，加速布局海外业务。经过近年“走出去”战略步伐的加快，中国企业的海外资产规模快速发展，国际化指数逐年上升，跨国企业在数量和规模上均显著增长，对中国企业的全球化经营管理能力提出更高要求。

当前，国际经济复苏形势仍较为艰难，技术发展日新月异，产业变革加速，更进一步加大企业国际化经营风险，为走出国门不久的中国企业带来管理挑战。

本报告分别选择了两家开展国际化较早的中国企业——海尔和联想，以及国际百年老店美国通用电气公司，分析其在全球化发展中的管理意识与经验做法，为中国企业提升适应全球化发展的管理能力提供参考。

3.1 通用电气：适应全球化的企业管理

3.1.1 公司概况

通用电气公司（General Electric Company，简称“GE公司”），是总部位于美国的一家知名跨国企业，拥有120多年的历史。GE公司业务包括航空、能源、医疗、运输、媒体、金融等多个领域。截至2015年，GE公司的资产总额为4926.92亿美元，全球员工数量33.3万，在世界500强企业中排名第21位。

GE的全球化发展起始于“韦尔奇时代”。20世纪80年代初期，美国主导着世界上大部分工业领域，执掌GE不久的杰克·韦尔奇

(Jack Welch) 敏锐地捕捉到来自市场的变化，以日本为代表的他国企业迅速崛起，撼动美国在钢铁、电视、计算机、汽车等领域的主导地位。这让他意识到，GE 的全球化发展势在必行，竞争对手不再限于美国："全球化是理所当然的事，企业成功的规则只有一个——国际市场的占有率。"韦尔奇将来自国际上的挑战视为重大机遇，并果断采取措施，抢占了经济全球化的先机。在 20 世纪 80 年代中期，GE 在飞机引擎、医疗设备、通信、塑料等领域与法国、日本、韩国等相关企业，通过建立同盟、合资建厂等方式加强合作。其中，医疗领域的国际化发展最快，到 1988 年，GE 医疗系统中超过半数的销售收入由海外业务贡献。此后，GE 又在金融、能源等领域迅速向其他海外市场扩张，就在 2015 年，GE 刚刚完成了对法国工业明珠——阿尔斯通电网业务的收购。

如今，GE 的业务遍布全球 175 个国家，海外资产占比已达到 52.33%，海外雇员占比 62.5%，是全球化经营的成功典范。GE 全球化战略的成功，除了有利的时机与英明的决策外，更是得益于其适应全球化的企业管理之道。

3.1.2 主要做法

(1)"协同互持"的工作模式。

GE 的全球化发展相对成熟，全球资源配置能力较强，采用了包含事业部、地区线和职能线三个维度的立体矩阵式组织结构如图 3-1 所示。

第一个维度是事业部，包括发电、油气、能源管理、航空、医疗、运输等八个事业部，事业部采取的是垂直管理模式，其核心功能定位是商务，即以开展营销业务为主；**第二个维度是地区线**，美国之外地区线业务总体由 GE 公司 2 号人物——一位副董事长负责，GE 将全世界划分为 14 个区域（包括中国、东南亚、韩国等），并在每个

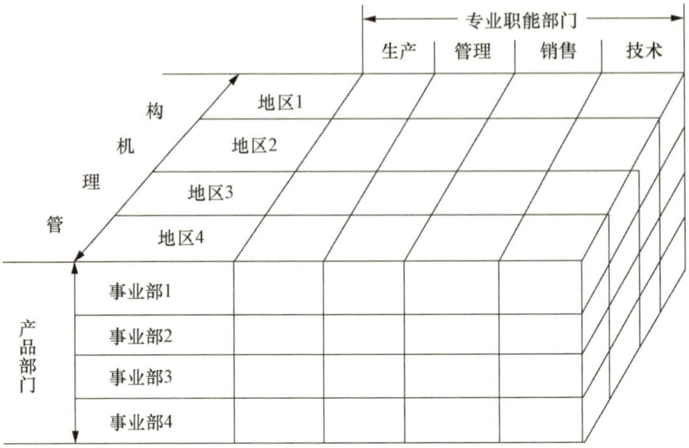

图 3-1 GE 公司的“三维立体”矩阵组织架构结构图

区域设置一位地区 CEO，其职能为统筹协调地区战略、地区发展、政府关系等，地区线的管理为垂直管理，其核心的功能定位是支持服务，统筹协调政府关系、地区战略（是指地区整个发展战略，而非业务战略）；**第三个维度是职能线**，包括收购兼并、商务沟通、财务、人力资源、研发、法务、IT、供应链等核心职能部门，管理方式有垂直管理也有其他方式的管理，核心功能定位是专业支持。

由此可见，GE 公司的事业部、地区线、职能线定位非常清晰，其工作开展方式为**协同作战、互相支持**。其中，职能线相对强势，如财务、供应链等职能会一贯到底；地区线与事业部相互制约、制衡，地区总部会制订区域总体战略，而事业部会依据业务开展制订其详细的商务发展战略，两者相互补充。而在整个业务的开展过程中，地区线、事业部和职能部门会依据自身的职责范围，针对具体业务开展分工协作，共同作战，彼此支持，共同促进事业发展。

GE 公司 120 多年来未发生过重大危机、未有重大丑闻，且经营业绩优秀，某种程度得益于 GE 彼此制衡、互相支持、责权明确、协同作战的体制优势。

(2) 一体化的资源配置。

GE在世界上170多个国家都有业务，通过把全球的资源和市场整合起来，实施一体化的综合运营，做到了真正意义上的全球化。GE将世界看作一个市场，进行统一布局和经营。

GE在全球设立五大运营中心，向周边区域提供财务运营、采购管理、设施管理、人力资源运营、环境健康和安全等多个专业领域的共享服务，通过区域性服务共享模式简化业务流程，提高对客户的响应速度和效率。GE新产品的研发是由研发中心和事业部的市场部共同参与，设计出原型，期间和生产工厂就能否量产进行协作，并在物资、材料、产品供应方面，GE开展全球供应链管理，实施全球配送，实现全球资源协作。在GE，制造工厂因为研发等职能剥离，其功能类似于生产车间。GE全球的生产是由供应链职能管理，是以全球为视角来进行布局。以核磁共振设备为例，由位于美国和天津的两家工厂进行生产，且分别划定配送范围进行全球配送，极大地实现了资源协同与经验共享。一家公司要真正实现全球化，必须使其每一项活动，包括产品的销售、生产、技术以及产成品、零配件和原材料的采购都实现全球化。GE不断加强在低成本国家，如拉美和一些亚洲国家进行采购。

(3) 本土化的人才策略。

在GE看来，全球化最重要的是“人才的全球化”，“全球本土化和本土全球化”是其追求的目标，堪称全球化发展典范的GE认为，必须实施本土化的人才策略。

在知识经济时代，知识创新是核心工作，由此，研发全球化发展之势愈演愈烈，跨国公司不断强化全球研发资源的整合，并逐渐淡化以母国研发部门为主导的传统观念。GE敏锐地捕捉到这一趋势，其科技人才全球化发展迅速。为了最大化利用全球的人力资源，GE有很多业务部门将技术中心从美国本土转移至境外，以便更方便地雇用当地的技术人才。韦尔奇曾经说过，“出口贸易好做，因为它不会给本土员工的工作造成任何威胁。但要想让人才全球化，在印度或捷克建实验室，就会威胁到公司的核心，实行起来会困难重重”。但尽管如此，GE 仍克服了重重困难，在美国之外建立 4 个全球研发中心，分别位于印度的班加罗尔、中国上海、德国慕尼黑和巴西，开展服务于当地市场的解决方案研究，以及应对全球面临的技术挑战。全球研发中心的建立，充分利用全球智力资本，进一步加速全球协同创新进程，提高全球市场的响应效率。

实施全球化发展，企业必须拥有一批既通晓当地文化又具备跨国并购经验和整合能力的国际化管理人才。但人才的培养非旦夕之功，为适应瞬息万变的国际经营环境，企业必须统筹输出管理团队与本土化用人的关系。“本土化”人力资源战略是国际跨国公司整合国际资源的常规战略选择，能够降低运营成本，更好地利用当地的人力资源，加速文化融合，更好地开拓和占领当地市场，提升经营业绩。GE 持续推动管理人才的全球化发展，以统一的标准在全球施行人才管理。在 GE，来自不同的国家的员工，分属不同业务部门，或服务于不同的分支机构，在培训与发展机会等方面会得到 GE 的一视同仁。在真正全球化发展的 GE，本地人在企业中扮演的角色越来越重要，担当业务领导人屡见不鲜，这当中从美国派出领导人的比例不断降低。出现在 GE 高级管理人会议上的非美籍人士身影越来越多，GE 中国的 CEO 段小樱女士即为一个最佳印证。

(4)“群策群力”的组织文化。

“群策群力”（Work-Out）作为 GE 非常有助于全球化进程的重要管理手段之一，已被其予以注册。从 20 世纪 80 年代后期开始实行的“群策群力”，其具体的含义是：由跨职能或级别的经理和员工组成小组，就企业管理或运行机制的严重问题畅所欲言，也可对企业未来发展提出自己的看法，并形成改进措施建议，于决策会议上将其交给高级主管。高级主管需当场做出决策——“Yes”或“No”，提出被认为是“Yes”的建议的员工需要同时被授权，以推进建议的有效实施，过程中主管和员工还需要定期检查实施进度，以确保结果。韦尔奇通过制订严格的管理制度，并建立制度与员工的收入和发展的联动机制，推动“群策群力”的顺利实施与企业文化的建设。

“群策群力”试图打破组织中因严格的等级、职能划分产生的边界壁垒，在组织中建立一种全体成员平等的、无边界、无障碍的沟通环境，以此来凝聚组织的智慧。“群策群力”是 GE 崇尚高效、反对官僚的企业文化的集中体现，并在 GE 上下形成共识，成为每一位管理者与员工做事的行为准则。“群策群力”引导每个员工更加关注工作的“延伸性”、以“系统思想”去思考工作、更加鼓励横向思考、赋予员工真正的权力和责任、提升决策速度，这一文化和制度隐含的内涵是推动 GE 国际化发展与适应全球化管理的重要力量，使得 GE 全球业务能够打破地域、部门、职能条线与管理层级的边界和壁垒，实现高效沟通与合作机制，推动业务高效运转，“群策群力”以一种无形的力量推动了 GE 的全球化进程。

3.1.3 案例点评

GE 公司的实践案例对如何适应全球化发展的企业管理有如下几点启示：

(1) 协同运转的组织结构是推动企业全球化进程的基本保障。

矩阵式组织架构是多数跨国企业的管理模式选择，比如西门子、3M 等。这种模式的优点在于全球资源协同程度高，例如采用全球统一的制造流程、质量标准、全球供应商库，有利于保障品牌的信誉、提升国际品牌的价值，降低某些运营风险，缺点在于多头管理，易导致责权不清，沟通不畅，效率下降。GE 的国际业务起步较早，目前已经基本实现了全球资源的统筹调配，其采用了矩阵式组织管理模式，并不断优化组织架构，明确责权范围，构建高效沟通与协作的机制与文化，有效落实了其全球化发展战略。对于国内企业在实施国际化战略过程中，需要依据国际业务发展的特征、所处阶段，选择适用于自身需求的组织架构。

（2）适应发展阶段的本土化人力资源策略是企业全球化可持续发展的根本保障。

在经济全球化与知识经济时代背景下，一个跨国企业所拥有的物化资本数量对于企业胜负的影响在不断下降，人才悄然发展成为企业兴衰成败的关键。跨国企业面临全球资源竞争，人力资源是其中最关键、最核心的资源，因此，实施本土化是跨国企业网罗全球人力资源的重要战略。GE 长期以来坚持人才全球化发展，通过布局全球研发中心吸收优秀的智力资本，注重本土选人、用人、育人、留人，有效支撑全球业务发展。企业实施国际化战略，最终目标是实现全球的资源配置，而人才是其中最关键的重要资源。因此，本土化的人力资源策略是跨国企业经营的必然选择，需在不同发展阶段，依据战略推进需要，采取不同的人才本土化策略，有效支撑业务发展。

（3）健康高效的企业文化为企业全球化进程提供有效润滑。

企业国际化经营与管理的主要难点包括管理链条长、管理维度多、跨文化冲突等，适应全球化发展的企业管理除了加强管理机制建立之外，培育与构建适应全球化发展的企业文化是促进企业高效运转的重要手段。GE 的“群策群力”成为各层管理者与员工的行为准则，极大促进了 GE 的沟通、协作效率，为跨国业务协同开展发挥了重要的润滑作用。随着企业国际化进程的推进，企业规模快速扩大，管理链条被机械拉长，管理维度客观增加，企业各级员工面临多线条管理，企业内部容易产生责权不清、沟通不畅，最终导致管理效率低下，影响国际化进程。这个过程中，必须培育和构建适应企业业务特征、管控结构的国际化企业文化，形成制度之外的软性机制，润滑管理摩擦，提升管理效率，支撑业务发展。

3.2 海尔：适应不同发展阶段的全方位国际化发展战略

3.2.1 公司概况

海尔集团 1984 年成立于山东青岛，原为青岛电冰箱总厂。在成立之初，海尔集团由于经营不善，仅仅是一个濒临破产的冰箱生产厂，而后通过近三十年的快速成长，逐步成为覆盖家电数码、IT 通信、生物制药、家居物业、金融地产等多个领域的全球化企业集团。2015 年，海尔集团全球范围内营业收入达 1887 亿元，营业利润达 180 亿元，同比增长 20%，入围世界品牌百强，成为全球上升最快的品牌之一，并位居全球白色家电品牌第一名。截至 2015 年，海尔拥有 5 个世界级研发中心，21 个工业园区分布在美洲、欧洲、亚洲、澳洲和非洲，通过 70 多个贸易公司实现了渠道的全球范围覆盖，其家电、通信、数码等多品类产品的综合用户遍布全球一百多个国家和地区。

从创立初期至今，海尔集团先后经历了名牌战略发展、多元化战略发展等五个不同的发展阶段。在不同的发展阶段，海尔集团实施不同的国际化发展战略，其国际化经历了内向型发展、外贸型发展、海外投资扩张和海外本土化四个主要的发展阶段。在内向型发展阶段中，海尔通过突出的产品质量、产品创新和售后服务，不仅在国内的白色家电领域夺得了一席之地，而且将海尔的品牌形象在广大的国人心目中树立了起来。在建立了国内领先地位的基础之后，海尔才一步步开始了其国际化发展进程。在贸易型发展阶段，海尔集团选择冰箱这一拳头型产品进行出口，而且出口的目标市场首先选择了德国和美国等发达国家和地区，而后产品逐渐开始销往日本、东南亚、中东等周边邻国地区。在海外投资扩张阶段，海尔集团抓住机会首先在美国设厂，而后转战菲律宾、印度尼西亚、马来西亚、南斯拉夫等发展中国家和地区，同时输出先进制造技术和企业文化。在海外本土化阶段的实施过程中，海尔集团依据所在国不同的文化特点、地域习俗、生活习惯与产品需求，借助对用户体验的充分把握，通过推广“三位一体”和“三融一创”等管理模式，进行全方位的投资国本土化战略。

3.2.2 主要做法

（1）多种渠道相结合地进行国际化发展。

通过对海尔集团国际化发展历程的分析发现，海尔集团国际化过程一直是采用多种渠道相结合的方式进行国际化，主要的方式是自主扩张与海外并购相结合。早在 20 世纪 90 年代初期，海尔集团就开始自主扩张的步伐了。在其自主扩张的早期，海尔集团进行海外运营的主要措施体现在产品的海外营销策略上。海尔集团首先以产品质量为先导，通过对高质量产品的长期化大力推广，得到了国际主流市场的广泛认可和主要消费群体的大力推崇，而且当家电等拳头型产品向海外国家的出口额增长到一定水平之后，海尔集团便进入了在海外国家当地进行投资设厂的阶段。在投资设厂的基础上，海尔集团又将各国家生产厂商有机结合起来，以海外生产管理中心为起点，逐步向各国本土化的方向发展。同时，与本土化的生产管理中心相匹配，配套建设了各国的产品研发体系和销售网络。海尔集团借助自主品牌所建立起来的优势，加强自主扩张，不仅定位于欧美等市场容量大的国家，而且也涉及亚洲、太平洋、南美洲和中东等发展中国家。在这些目标市场上，海尔集团均获得了良好的品牌口碑、很高的知名度和美誉度。

海尔集团不仅在海外市场上积极进行自主扩张，与此同时还进行了大量的海外并购，通过重组整合海外知名的相关企业，实现了有效的国际化发展。海尔集团秉承着多种方式相结合进行国际化发展的总体战略，在21世纪初就出资兼并收购了意大利的电冰箱制造商，并整合了其他与其相关联的上下游企业，并以此作为海尔登陆欧洲市场的桥头堡。在接下来的数年时间中，海尔集团积极利用在意大利的生产基地，针对欧洲市场客户对大容量、多开门冰箱产品的切实需求，借助该制造商的生产能力和设计优势，开展法式对开门和多开门电冰箱的研发和生产，产品一经推出就在欧洲市场取得了不俗的销售业绩。

(2)“先难后易”的国际市场开发战略。

在进入国际市场时，海尔集团采用了与其他企业“先易后难”地进行海外拓展所不同的方式，通过先进入市场门槛较高的欧美等发达国家，采取“先难后易”的市场开发战略，再进入其他发展中国家和地区。首先，海尔集团在欧美等发达国家直接设厂，研发、设计和生产产品，等其站稳脚跟将高质量、高品质的品牌形象树立之后，再以高端的品牌优势进入发展中国家。在发展中国家市场上，海尔集团凭借在欧美发达国家市场建立的良好品牌形象，以及在欧美发达市场形成的先进营销方式和产品技术，高屋建瓴地占领发展中国家市场。

在海尔集团进行这种“先难后易”的市场占领过程中，其始终以海尔集团自主品牌为中心开展产品研发、设计、生产和营销服务，并以此作为进入目标市场国家的基础条件和关键要素而始终贯彻至今。因此，在海尔集团进军国际市场之初，就选择了将自己的优势产品——冰箱摆在了行业领军者德国家电行业的门口，而且以揭商标、打擂台的方式，凭借高分值通过了德国权威质量检测机构的抽查检验，强有力地将海尔产品高品质、高技术和先进性的形象树立了起来。

在海尔集团进入欧美等发达国家市场的过程中，海尔不仅在产品质量上与国际同行业相似产品比肩看齐，更重要的是还在生产技术、产品检测、品牌验证、销售推广等多个方面都与国际标准和主流模式相接轨。为了成功进入欧美、日本等已经非常成熟的海外先进市场，海尔集团在短短数年间陆续通过了美国的 UL、日本 S-MART、德国 VDE 和 GS、欧盟 CE 等十几个种类和数十个国家的国际标准认证。这些国际认证的获得，为海尔集团顺利打开发达国家市场打通了道路。并且还大大缩短了海尔集团在产品研发、设计、生产、销售上市等多个环节的衔接时间，加速了产品运转周期。

另外，海尔集团还主动和国际上知名的大公司形成技术联盟来推进技术创新，保持在产品研发和创新上的优势。海尔集团先后和 NETSCREEN、迈兹等大型跨国公司形成技术同盟关系，实现了技术优势和研发资源的整合，促进其产品技术的始终领先和市场竞争力的不断增强。自海尔集团进行国际化发展以来，其旗下的冰箱、洗衣机、空调等白色家电产品都先后通过了 ISO 9001、ISO 14001 等质量和环境体系认证，大大降低了国际化发展门槛，促进了产品出口和海外扩张。这些已经建立的各方面优势，为海尔集团进军巴基斯坦、东南亚、南美洲、大洋洲等更广阔的国际市场奠定了坚实基础。

(3)“三位一体”和“三融一创”的本土化战略。

在国际化的过程中，海尔通过“三位一体”的海外本土化战略实现了海尔品牌的大发展，提高海尔集团及其产品在国际市场的知名度。在此基础上，海尔集团深入开展“三融一创”的国际化发展策略，进一步提升了其在国际市场上的美誉度。通过“三位一体”和“三融一创”的有机结合，多管齐下以达到稳步开拓并持续发展国际市场的目标。

海尔的“三位一体”本土化战略是在进行研发、制造和营销过程中实现本土化发展，三者相辅相成、有机统一，如图 3-2 所示。

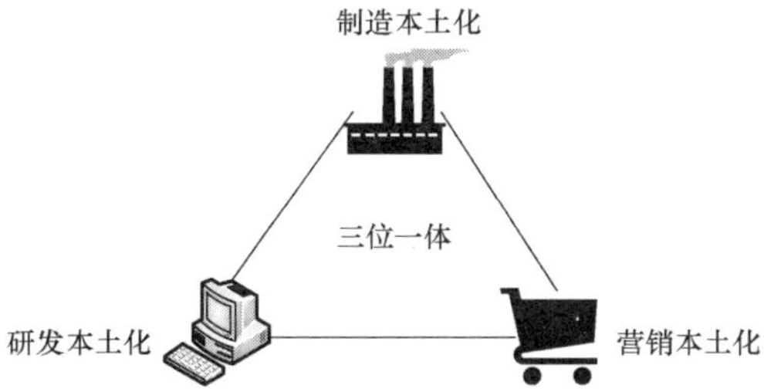

图 3-2 海尔“三位一体”本土化战略示意图

在研发本土化方面，海尔根据市场需要开展定制化服务，市场需要什么产品，海尔公司就开发什么类型的产品，比如其在美国市场根据单身青年和上班族开发的带折叠桌面的迷你冰箱、塑料洗碗机和客厅式酒柜，就是根据本土化的市场调研中心和设计中心的工作成果研发出来的。在产品研发过程中，海尔集团大力引进优秀的科技研发人员，而且还通过各种途径降低生产成本，将产品研发与产品销售紧密地连接起来，使得产品能够在短时间内适应各国的消费市场。

在制造本土化方面，海尔集团非常照顾消费者的需求，促使企业生产与消费者的个性化需求相适应，以消费者的要求为导向进行产品实时化制造。同时，通过多种手段来降低个性化定制需求的产品售价，尽量使其与市场平均价格相比基本持平。

在营销本土化方面，海尔集团以各类营销渠道的拓展和树立为重点促进快速发展。在海尔集团投资美国市场初期，美国海尔是海尔集团的一般客户，其后为了使美国海尔发展成为海尔集团的自有经销渠道，海尔集团将美国海尔进行入股和战略投资，最终促成美国海尔成了海尔集团在美国的合资伙伴。除此以外，海尔集团还通过与当地的知名大型企业开展合作的方式获得在当地国的销售渠道。海尔集团在日本市场上通过与三洋公司签订战略合作和市场互换协议，利用其成熟的销售网络进军日本市场。为了更好地适应当地文化和促进市场开发，海尔集团还免费为各层级的零售商与经销商开设了多种营销类课程，进一步加强了与经销商的合作关系，提升了营销管理水平和销售业绩。

在21世纪之初，海尔集团运用“三位一体”本土化战略，先后在美国南卡罗来纳州建立产品制造基地，在加州的洛杉矶建立了研发设计中心，在纽约州建立了北美大区的营销服务中心。海尔公司通过“三位一体”模式充分吸收当地的优秀人才和技术人员，利用当地政府制定的吸纳外资优惠政策，为拓展海外市场搭建了基础平台。

为了继续深化国际化成果，实现海尔开拓国际市场的三个三分之一目标，海尔集团进一步提出了要当地融资、当地融智、当地融文化，创建海尔世界名牌，即海尔的“三融一创”本土化升级战略，如图3-3所示。海尔集团采取在全球范围内进行融资、融智的策略，积极进行文化、资源等多方面的融合发展，充分利用所在国的人力、科技、资金、政策与客户等优势资源，整合形成企业的竞争优势，大大增强海尔自身的海外竞争力。海尔集团进行人力资源的本土化主要是高、中级经理等管理层面的本土化。企业文化本土化强调组织与当地的合作、联盟和战略联合，利用当地的风俗习惯和特有的媒介形式，以及各类知名人士加大企业文化和品牌的推广，促使企业文化与当地文化的融合发展。通过“三融一创”的发展战略，海尔集团在世界范围内建立起覆盖研发设计、制造生产、贸易销售以及营销服务等多维度多层次的立体式网络，使得在各主要经济体能够独立地进行完整的、成套的产品开发，从而促进全球市场的开拓。

（4）借助多元产品和优势产品大力实施自主品牌战略。

自主品牌是企业长期持久发展的力量之源，也是一个产品具有更大附加价值和意义的符号象征。海尔集团在其进行国际化发展的早期阶段就提出了“出口创牌”的发展观念。海尔总裁张瑞敏一直认为，

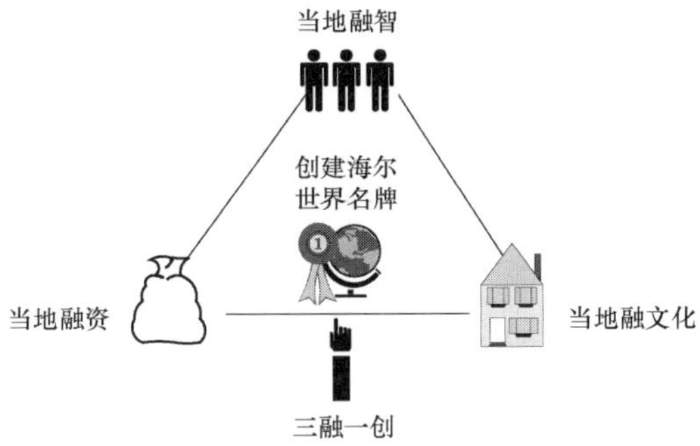

图 3-3　海尔“三融一创”本土化战略示意图

海尔不是代工工厂，海尔必须要拥有自己独立的国际品牌。因此，海尔公司在进入国际化发展阶段后，就一直主打“海尔”这一自主品牌进行多产品线的多线程共同发展。海尔集团在所有国家和所有产品线上，均使用海尔品牌，使得海尔品牌代表了集团的整体形象。当越来越多的带有“海尔”品牌的产品进入国际市场时，进入消费者眼帘的是海尔高品质、环保、积极向上的商标形象，这就从最开始的第一步利用晕轮效应成功促使海尔公司知名度的提高。

与此同时，海尔公司还巧妙地利用拼音“Haier”和英文单词“Higher”的发音相似性，运用“Haier and Higher”等一系列广告用语，以更高、更好的品牌暗示推动产品进入国际市场（见图 3-4）。海尔集团巧妙地利用“Higher”单词的发音，对海尔品牌努力追求、不断超越的含义进行了形象而生动的诠释，而且更突显出企业为了追求更高质量，而以更好的服务回馈社会和消费者的价值理念。另外，海尔集团还利用天真可爱的海尔兄弟形象进行广泛宣传，树立了年青、向上、生机勃勃的外在表现，有利于“Haier”走向全世界。

在打进各国市场时，海尔集团不仅利用各种渠道、投入大量资金进行品牌宣传，树立品牌形象。而且还根据不同市场的消费特点，具体选择具有明显技术优势的拳头型产品进行市场竞争。在打开德国、

图 3-4 “Haier”品牌设计示意图

法国、意大利以及美国等发达国家市场时，海尔集团都是其最具竞争力的产品——冰箱。而到了开拓巴基斯坦、伊朗以及突尼斯等中东国家市场时，为了适应当地市场的消费习惯，首选的产品则是海尔洗衣机。当海尔集团利用优势产品在当地市场获得了广泛的知名度之后，海尔就借助统一的品牌便利，再将其他产品带入该国市场，延伸生产和销售范围，形成一系列丰富的产品结构。

(5) 灵活开展战略联盟。

在国际化的过程中，海尔公司通过多种方式与多个企业结成战略联盟，实现纵向和横向的联合。在联盟中，海尔集团与各合作伙伴进行市场、技术、资金、信息等各种资源的交换，同时利用这种形式加强“三融一创”等本土化战略的实施。海尔集团与各伙伴通过这种管理方式，在可允许的范围内优势互补、相互学习、共同分享、协同攻关，实现企业利益的最大化。

在海尔创立之初，其技术发展状况和条件并没有像现在这样能够跟得上消费者需求的变化和技术发展的步伐，而且海尔集团也无暇顾及新产品的研究开发。面对竞争激烈的国内外市场，对于海尔集团来说，解决以上问题的最好方式就是建立各种战略联盟。

在确立了联盟战略之后，通过对国内外技术发展、产品设计、市场容量等多方面进行深入分析和研究之后，海尔集团最终选择和德国利勃海尔一起开展技术合作。在签订了相关协议之后，海尔集团派了多名技术骨干到德国参加技术引进工作，培养了过硬的技术能力。随着海尔集团的不断发展，两个企业之间的战略联盟慢慢转变为全方位合作的国际战略联盟，而且，海尔集团还和其他企业进行战略联盟，与三菱合作引进空调技术，与梅洛尼公司合作引进滚筒洗衣机制造技术。通过与不同类型的企业进行战略联盟，获取所需的技术和人才，分摊高昂的研发费用和风险。

3.2.3 案例点评

海尔公司的实践案例对企业如何开展国际化发展有如下几点启示：

(1) 先难后易、高屋建瓴地进军国际市场。从海尔集团逐步开展国际化发展的历程和每一个阶段的战略选择来看，海尔集团沿着具有鲜明“海尔特色”的道路开展国际化方向发展。它所选择的“先难后易”之路与其他企业完全不同，但正是借助在西方发达国家市场成功树立的技术、质量和品牌优势，才避免了其他企业国际化过程中给世界市场留有的“价低、质次”形象，为其后来将国际业务做大做强，实现企业在理念国际化、人才国际化、产品国际化、技术国际化和市场国际化等多维度、全方位的国际化发展奠定了坚实基础。

(2) 强化海尔自主品牌的塑造与推广。海尔集团在进行国际化发展的初期，为了尽快打入海外市场，也曾经采用了 OEM（Original Equipment Manufacturer，原始设备制造商）的模式。虽然如此，但这种方式只是海尔打开国际市场的敲门砖，并不像其他贴牌企业一样只是单纯做代工工厂的主要发展方式。而且，海尔在短时间内就以创建和推广自主品牌为核心，运用多种形式和娴熟的公关技巧，甚至借助打擂台、拼质量的方式，“弄斧到班门”，创出了良好的国际品牌形象。

(3) 充分结合当地特点开展本土化运作，打造差异化产品。海尔集团进行国际化发展并不仅仅盯住国际化带来的丰厚利润，更提倡与投资国的合作与双赢发展。其实施的“三位一体”和“三融一创”本土化战略，就充分结合了当地市场和企业管理的文化特点，高效利用当地资源，与本土企业融于一体，创造生产满足当地消费者个性化需求的产品，迅速占据海外市场。

3.3 联想：国际化进程中的跨文化整合

3.3.1 公司概况

联想集团公司（简称“联想”）成立于1989年，其将近30年发展间，旨在为用户提供安全及高品质的IT产品组合和服务，包括个人电脑（Think和YOGA品牌）、工作站、服务器、存储、智能电视以及智能手机（包括摩托罗拉品牌）、平板电脑和应用软件等一系列移动互联产品。截至2015年底，联想全球员工共有约6万人，年营业收入达463亿美元，利润达8.2亿美元，在世界500强企业排名中位列第231位。

伴随中国市场的开放和公司的成长与发展，联想的国际化之路成为必然选择，国际化步伐逐渐加速。联想一方面展开了大量收购、并购和国际化合作，另一方面通过在国外设立分公司，占据国外市场。

在联想国际化过程中，企业文化也在发生着重要的变化，从最初的与收购、并购企业文化相互独立，发展到彼此文化相互交融、形成多元化文化，最后进入文化创新阶段，联想核心价值观遍布全球（联想文化整合方案见表3-1）。

表 3-1 联想三阶段渐进式文化整合方案

时间	国际化举措	外部环境	文化策略	文化形式
2005 年：探索阶段	早期大力发展跨国经营	联想与并购企业文化差别大	“联想国际”+“联想中国”双运营模式	文化独立化
2005—2008 年：碰撞与适应阶段	以国内为主，兼顾海外市场	实施改革，为进一步国际化优化战略布局	汲取联想和并购企业双方优势，呈现“1+1>2”文化协同效应	文化多元化
2008 年以后：创新阶段	全力推进国际化进程	建立全新组织架构、优化管控模式、实现文化整合	融汇多元文化，将联想核心价值观贯彻全球	文化转化

3.3.2 主要做法

联想集团在国际化进程的不同阶段采取相应的跨文化整合策略。其策略的顺利实施离不开各项与国际化举措密切相关的战略、组织、制度与团队建设。其中，“保卫和进攻”的并购战略、“多国联军”式的人力资源保障以及联想之道 4P 文化践行都在这个过程中发挥了重要作用。

(1) 开展“保卫和进攻”并购战略，推动文化多元并存。

在扩张市场份额的同时，联想通过“保卫和进攻”的并购战略推动着多元文化相互融合，保障各项业务的高效开展。

“保卫”联想的核心优势。第一，保卫联想的核心业务，包括在中国的个人电脑业务和全球 Think 商用电脑业务，守住有利润和份额的市场；第二，保卫中国传统企业的实事求是精神，在联想收购 IBM 的 PC 业务之后，联想成立了专门的整合团队——BT，负责调研员工对文化差异的理解和认知等情况，为集团制订文化融合措施提供了坚实的基础；第三，保卫被并购对象的核心业务和优秀文化，被并购对象往往在产品、服务、运作或企业文化方面具有一定的不可替代性优势，联想在整合这些公司的过程中，保卫了这些“精华”部分，促进了新联想的发展。

在“保卫”联想核心优势的基础上，开展“进攻”的并购战略，推动业务和文化的多元化。一方面，联想紧盯那些存在高增长机会的领域，然后实施并购，以抢占市场份额为主要目的，适当兼顾盈利。联想在实施并购后该战略引领联想扩大产品线，从 PC 业务到平板电脑、智能手机和其他智能设备的生产，同时扩展云服务和存储、服务器等基础硬件设备的生产，实现 PC＋时代全球真正的强大竞争者。另一方面，伴随联想并购战略的不断进行，联想的市场、业务、人员、顾客都发生了巨大变化，使得联想不得不学习先进的管理和运作模式，建立更加现代化的多元文化体系。

通过实施“保卫与进攻”的并购战略，联想文化多元化的同时，其海外收入也得到大幅提升。从图 3-5 可以看出，自 2005 年收购 IBM 个人电脑业务之后，联想集团平均 60％的营业收入均来自于国外。

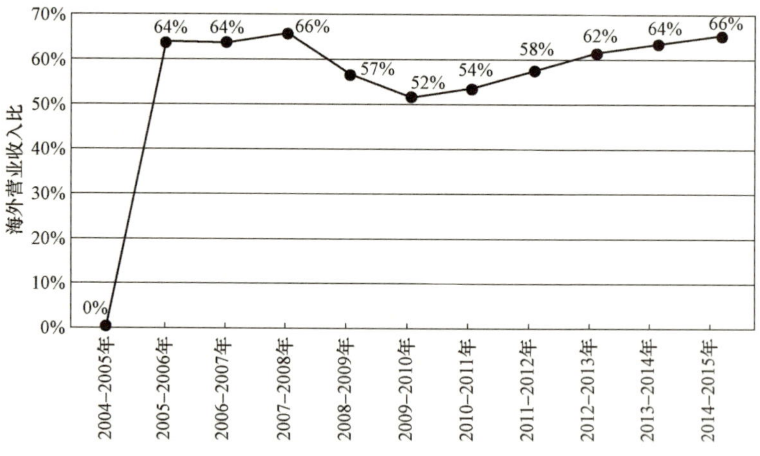

图 3-5　联想集团海外营业收入比变化趋势（年报数据）

（2）建立“多国联军”式的人力资源管理模式，促进多国文化互相融合。

伴随联想国际化进程的推进，员工结构变得越来越复杂：员工来自不同的国家，组成了“多国联军”，他们文化和价值观差异明显，给联想的管理带来一定困难。一是**领导风格存在差异**。传统中国企业联想和现代化的西方企业 IBM 的领导管理风格不同，后者采用了更为先进的管理理念和措施，形成了完整高效的组织和人力资源管理体系，导致并购之初，组织运行方面出现问题。二是**传统制度化不能够提高员工工作效率**。联想向来以严格和强调执行力而著称，严格的科层制度导致管理层次多，管理幅度小，管理和工作效率不高。三是**人才选拔、激励和考核方面存在困难**。联想在管理人员的选拔、激励、留任、考核等方面遇到了困难，造成大量高级管理人员的流失。

在联想实施国际化进程中，企业人力资源发挥了非常重要的作用，这主要取决于公司在跨文化背景下开展的一系列人力资源管理措施：**其一是开展跨文化背景下的员工培训**。为了实现人——组织——文化的匹配，联想对员工实施了一系列的跨文化培训，提高员工对企业文化、企业环境、工作任务等的适应能力，进而能够更好地胜任工作。**其二是在公司建立高效、完善的沟通渠道**。联想一方面建立制度化沟通渠道，保证内部沟通的及时性和有效性；另一方面增加上级和下级之间的沟通，实现双向沟通，提升沟通效率和效果。**其三是在跨文化背景下，建立公司人力资源管理系统**。为了能够提高跨文化背景中员工的工作适应能力，联想推动了人力资源管理系统建设，涉及员工培训、职业生涯、员工关系、绩效管理、薪酬管理等方面，为公司国际化进程提供了强大支撑。

联想通过不断探索和学习，将兼收并蓄的中国传统文化完美融合到国际化管理中，形成了独具特色的“多国联军”式管理模式，推动了多元文化的融合。

(3) 提出辨识度高的文化理念，打造跨文化的核心价值观。

联想把责任心和主人翁精神细化分解，转为一系列具体的行为准则，概括为 4P 文化：Plan，Perform，Prioritize，Practice。

一是在跨文化的企业文化设计中最大程度保有企业核心价值观。以“Prioritize——公司利益至上”为例，与西方的组织管理思想不同，联想鼓励管理层和普通员工不仅拥有责任心和进取心，更需要拥有联想特色的主人翁意识，即真正把自己当作联想的所有者，这一点与亚洲企业相似。培养主人翁意识需要平衡短期业绩表现和长期投资目标，比如联想拓展新兴市场和移动互联网的战略虽然短期不能实现获利，但长远上来看会带来可持续增长。要实现员工和企业的同步发展，联想全球职能部门人力资源副总裁、首席多元化官康友兰为了体验母国文化并帮助公司实现跨文化的融合，她和家人克服困难，举家搬来了中国，联想集团总裁兼首席执行官杨元庆为了表明联想全球化的决心，全家搬到了美国罗利生活工作。联想管理层以身作则，将公司利益放在第一位，最快压缩自身的适应期和磨合期，也便于兼并双方直接融合共同创造公司效益。

二是通过各部门沟通协调，联想让每位员工不仅是理解，更对实现战略的 4P 文化产生认同感和信念。以“Plan——想清楚再承诺”为例。具体地说，是要理解当前背景与情况，了解内外部机遇和挑战，清晰自身优劣势；明确前进的方向，设立远大但可实现的目标，在不过分自信与保守之间平衡；制订实施计划，将明确目标分解到不同团队与智能部门，设立阶段性目标和切实可行的方案。实际管理中，因为国际化团队中的领导者来自不同文化背景，对预算和目标之间的关系看法不同。IBM 团队倾向设立宽松目标，即达标 80%可以接受，对未完成部分有合理解释即可；老联想管理团队，坚持要想方设法达到既定目标。因此，当时面对 2009 年经济下滑带来的种种挑战，执委会制订三四年规划的首要目标就是增加市场份额，之后逐步增加利润。由于联想当时距离两位数的占有率只差两三个百分点，此目标不仅是宽松目标，而且可完成性极高。联想兼顾多元背景，落实企业文化，增强团队士气，用一年时间在利润和市场占有率两方面都取得了增长，也让员工体会到文化设计的合理性与人本性，从而对联想的企业文化产生认同和信赖。

三是以“Perform——承诺就要兑现”为例。“Perform”代表联想之道中的“说到做到”，即建立目标，付诸行动，取得成果。联想在拓展交易型业务前，没有搭建相应的前端销售系统。由于公司当时的海外业务主要针对大公司客户，直接的销售方法和成熟的商业渠道导致联想不需要市场推广，只凭借竞价系统对商品逐一定价。但是为了开展交易型业务，必须满足商户需要，扩大自身产品线，搭建全新的业务系统。联想应对新的战略方向，积极调整了销售渠道，增加了大量分销商，并把销售重点从顶层批发商转向二三层分销商和零售商。此举最高效地加大了市场推广活动力度，灵活调整了适应不同市场需求的定价，加强了库存管理对零售业务支撑，最大程度上支撑了公司的战略部署。

四是通过管理工具对企业文化的贯彻落地进行可视化的评估与反馈。以“Practice——每一年每一天我们都在进步”为例。杨元庆作为第一个参与 4P 文化 360 度绩效评价的人，通过科学审视自己和在执委会大会上陈述自我评估发现的待改进项，拟定下一步行动计划，鼓励其他高管纷纷效仿。由于领导者们以身作则、展现责任心，下属员工也积极响应。为确保彻底贯彻 4P 文化，联想人力资源团队全面支持员工评估发展体系和系统开发，起到为每个联想人时刻进步的有力支撑作用。在联想专门开发的“管理变革控制面板”工具中，每个管理者用SWOT分析（优势、弱势、机遇和威胁），甄别表现欠佳的环节，提出优化重点，使得工作表现达到要求。高管会在执委会会议上分享各自SWOT控制板的数据，相互学习，提出本年度需要改善的领域和相应整改措施。联想通过工具开发，有针对性地对员工行为进行直观的评估和反馈，有效地保障了企业文化的落地。

3.3.3 案例点评

（1）跨文化整合进度需与企业国际化进程保持一致。

客观看待跨文化整合，必须承认跨文化整合存在非常大的难度。据统计，85％的企业高级管理人员认为企业并购后持续亏损甚至破产的原因是因为跨文化管理失败造成的。联想为了更好实施国际化，**制订了渐进式发展规划**，秉承求同存异的理念，分阶段进行多元文化的融合，为公司国际化发展提供了强大保障。

中国企业应当向联想学习，根据自身企业和被并购国外企业的竞争环境、经营管理、企业文化等情况，**制订符合企业不同发展阶段的跨文化管理模式**，并在此基础上，大胆创新，促进绩效管理、薪酬管理、员工培训、职业生涯等人力资源管理的创新发展，为企业文化发展创造良好环境。

（2）针对国际化的业务及管理需求，培养具有跨文化背景的各类人才。

跨文化管理人才是推动企业国际化发展的重要力量，企业只有拥有大量具有国际思维、多元化视野和跨文化适应能力的人才，才能保证企业国际化之路顺畅。

联想在跨文化管理人才的培养和管理方面经验丰富。联想在全球范围内寻找和培养企业跨文化管理人才，在并购初期即文化独立期，联想任命IBM高管管理企业；在企业文化碰撞和交融阶段，任命戴尔高管管理企业，促进了联想多元文化发展；在联想特有企业文化遍布全球企业的时候，任命联想高管管理企业，使得整合过程按企业战略要求顺利进行。

借鉴之处**一是重视全球化的人力资源招聘**，从世界范围汇聚优质资源。**制订适宜的薪酬整合策略**吸纳拥有国际视野 U 盘型人才，即自带不同领域属性的人才，缩短过渡适应时间，即插即用。例如，有工学背景的市场营销人才，有国际化背景的人力资源人才等。**二是强化跨文化培训**。跨文化培训的方式有多种，其一是在跨国公司中设立专门的培训机构或者部门，专门负责培养跨文化管理人才，其中海尔大学、西门子大学等是典型代表。其二是借助高校等外部力量，开展合作，联合培养跨文化管理人才，可以通过举办研修班、选派留学等方式提高公司跨文化管理人员数量和综合素质，完善人才队伍，为公司国际化战略做好储备。

(3) 凝练并推广企业在跨文化管理中的核心理念与观点，通过不同层面的执行加以落地。

联想践行 4P 文化以实现联想之道的举措体现在公司企业文化建设的方方面面。具体来说，在表层物质文化方面，联想沿用 Think 系列黑色外形，强调经典；在浅层行为文化方面，定期举办文化交流晚宴，传授跨国礼仪，加强企业文化在员工工作之余的沟通，促进多元文化融合；在中层制度文化方面，调整公司组织模式，制订规章制度，切实保证企业文化的落实；在深层精神文化方面，明确 4P 文化理念，刻画联想之道核心价值观，利用管理层对普通员工言传身教之法，通过宣贯、沟通和碰撞文化不同方式推动和更新企业文化对每一位员工的影响，从根源保障整个企业战略布局的实施。

4

商 业 模 式

本章案例要点

滴滴出行：滴滴出行作为互联网时代共享经济的产物，利用移动互联网充分发掘用户需求，融合线上与线下、匹配用户需求与服务供给，充分发挥互联网平台优势，通过抢占市场、支付模式创新、信息挖掘、用户培养、精准营销，打破出租车行业垄断格局，改变传统出行方式。

Opower 公司：作为全球领先的家庭能源管理企业，Opower 公司致力于为客户提供家庭能源管理解决方案，已有超过 75 家能源公司以及跨越 6 个国家和地区的 1500 万户家庭使用了 Opower 的服务。Opower 公司关心用户卷入和黏性，建立家庭耗能档案，并通过综合分析提出节能建议，提供个性化的、贴心的电力账单；研发云平台、软件、应用等一系列 interface 工具，为电力企业提供一系列的能效管理服务，改善了公用事业公司形象，同时兼顾了整个社会对节能的需要。

SpaceX：成立于 2002 年的 SpaceX，依托 NASA 的支持，通过将传统航天发射技术与现代材料、工艺、电池、原件、3D 打印等前沿技术有机结合，以高风险承担的企业家精神为引领，辅之以扁平化管理架构、高效率人力资源使用等先进管理手段，将

“基于技术突破与创新”和“依托管理创新”两者充分结合，大幅降低了商用航天发射成本，同时在可回收火箭等技术领域取得显著突破，打破了国有航天开发组织对本领域的垄断，为技术、资本、人力密集的航天工业带来了全新生机。

商业模式已成为经济管理研究的一个热点，商业模式创新也日益成为各个企业建立其核心竞争力，维持可持续盈利的重要战略。近年来，互联网、大数据等新兴技术的创新和发展，为传统领域创新商业模式带来了机遇和挑战。国内外先进企业，无一例外都借助新兴技术与商业模式创新的有机融合，赢得了不可复制的市场领先优势。

当前，在我国工业转型升级的关键时期，如何积极有效创新商业模式，符合客户不断变化的需求，引导企业由传统的单纯技术创新转向走技术创新与商业模式创新相结合的集成创新之路，需要高度关注和积极探索。

本报告选取了滴滴出行、Opower、SpaceX 三家公司，其中，滴滴出行、Opower 公司应用了移动互联网技术，充分发掘用户需求，改变了客户的传统出行方式和传统的家庭用能方式。SpaceX 公司更是多措并举，通过创新商业模式，开辟商业航天飞行新纪元。

4.1 滴滴出行："互联网+便捷交通"改变出行方式

4.1.1 公司概况

“滴滴出行”的前身“滴滴打车”软件是北京小桔科技有限公司2012年推出的产品。北京小桔科技有限公司于2012年6月成立，经过3个月的准备与司机端的推广，“滴滴打车”软件于9月9日正式在北京上线，利用移动互联网迅速抢占用户开拓市场并进行产品创新。

2014 年 1 月，滴滴与微信达成战略合作，开启微信支付打车费“补贴”营销活动。2014 年 5 月，滴滴将产品正式更名为“滴滴打车”，寓意“滴水之恩，涌泉相报”。同年 8 月，滴滴瞄准商务用车领域市场，上线推出了滴滴专车。

2015 年 1 月，滴滴打车企业版正式上线。2015 年 2 月 14 日，滴滴打车与快的打车合并，成立滴滴快的，开启中国移动出行市场发展新阶段[1]。2015 年 5 月 13 日，滴滴快的推出经济型专车服务“滴滴快车”。2015 年 6 月 1 日，滴滴快的合并后推出首个新产品“滴滴顺风车”，开启了拼车服务。2015 年 7 月 16 日，滴滴快的在北京、深圳上线运营了“滴滴巴士”业务，开拓了“定制巴士”业务的市场。2015 年 7 月 28 日，滴滴快的推出代驾服务。2015 年 9 月 9 日，滴滴快的宣布完成总计 30 亿美元的新一轮融资。同天，滴滴打车进行全面品牌升级，更名为“滴滴出行”，并启用了新的 logo 和 App。

根据 TalkingData 在“全球大数据峰会”发布的《2015 移动互联网行业发展报告》，用户对生活服务领域应用的依赖度显著增加，2014 年下半年至 2015 年，滴滴出行作为生活服务领域的典型应用，用户实现快速增长。2015 年，滴滴实现网约出租车市场份额 70％以上，在出行平台中位居首位（如图 4－1 所示），并在其他各条业务线都取得了超过 70％的主导性地位。

2016 年 1 月，滴滴宣布 2015 年完成 14.3 亿订单，成为仅次于淘宝的全球第二大在线交易平台（如图 4－2 所示）。2016 年 5 月，滴滴出行专快车日订单突破 1100 万，全平台日完成订单突破 1400 万。

---

[1] 鉴于滴滴出行是滴滴打车与快的打车合并后成立的，故下文分析合并之前的做法和事件时，不再特意区分滴滴和快的，统一称为滴滴出行。

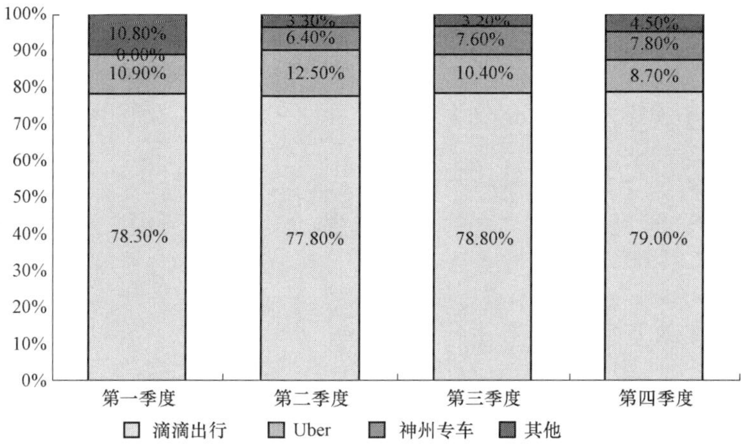

图 4-1　2015 年滴滴出行市场份额

数据来源：根据易观智库《2016 年中国互联网出行市场专题研究报告》整理。

经过 4 年的发展，出行 O2O 市场进入新的发展阶段，而滴滴出行经过残酷的市场竞争成为行业领导者。滴滴已成长为涵盖出租车、快车、专车、顺风车、代驾、巴士多个业务的一站式移动出行平台。数据显示，在滴滴的平台上，每天有 300 万的出租车订单，400 万的专车订单。顺风车日订单峰值达 223 万单，代驾日订单峰值 50 万单。在北京、深圳，滴滴巴士已开通 500 条线路。此外，已有 5011 家企业开通了滴滴企业账户。

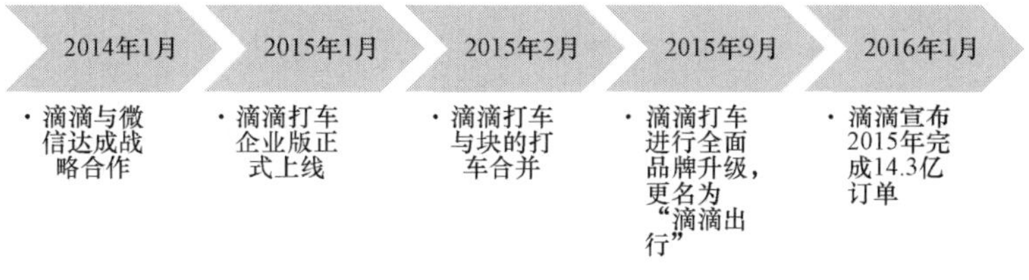

图 4-2　滴滴出行发展历程

4.1.2　主要做法

目前，“滴滴打车”已经成为全国最大的打车软件平台，引领成为移动支付和营销平台催生的新型商业模式、共享经济的典型代表。滴滴出行利用移动互联网充分发掘用户需求，融合线上与线下、匹配用户需求与服务供给，充分发挥互联网平台优势，通过抢占市场、支付模式创新、大数据信息挖掘、用户培养、精准营销，打破了出租车行业垄断格局，开创了“互联网＋便捷交通”的新模式，提高了城市出行效率。

(1) 移动互联网打造出行平台。

把握乘客和车主双向市场需求。随着个人轿车保有数量的急剧上升，部分城市道路、停车场等基础资源日渐紧张，节能减排要求也日趋严厉，城市对出租车严控数量，对私家车执行限号出行、严控牌照数量等措施，限制了一部分希望改善出行条件的需求。同时，私家车养车成本大幅提升，私人轿车通过降低车辆空置率来分担养车成本的需求逐渐显现。滴滴出行及时把握住双向市场需求爆发的有利时机，乘客和车主均渴望改善用车环境和出行效率。

充分满足用户个性化需求。根据 CNNIC 调查数据，84.4％的网络预约出租车用户在路边打不到出租车的情况下会使用出租车叫车软件；77.6％的用户在对周围地方不熟悉的情况下使用网络预约出租车；67.2％的用户由于使用了出租车叫车软件缓解了恶劣天气打车难问题；65.9％的用户去机场、车站或需要预约用车时使用出租车叫车软件；还有 57.1％的用户觉得网络预约车租车方便实用，习惯性的平时出行就会使用。滴滴出行运用互联网化手段提高出租车服务品质和效率，不仅缓解了用户打车难的问题，而且满足用户高品质个性化服务需求。

利用 APP 迅速绑定用户资源。滴滴采取为司机和乘客提供免费 APP 软件的方式，迅速扩大了使用人群。相比国外付费方式的 APP 软件，滴滴提供的免费方式使司机和乘客双方都可以获得便捷的服务，使得滴滴迅速赢得了海量用户。据 CNNIC 发布的《2014－2015 年中国移动互联网调查研究报告》数据显示，MAU（Android＋iOS）、DAU（Android＋iOS）TOP 50 的 APP 榜单及同比增长率，滴滴出行超过 120％。

精准匹配用户需求与服务供给。滴滴出行 O2O 以用户需求为导向，通过移动定位有效对接司机和乘客，同时提高了出行服务的利用效率，实现了需求与服务提供者的双赢。由于出租车市场难以满足人们日益增长的个性化出行需求，而滴滴出行以便捷化、精细化、品质化的服务弥补了市场缺口，将用户需求与交通服务供给精准匹配起来，极大满足了用户需求。

（2）移动营销策略开拓市场。

价格策略吸引用户抢占市场。在市场开发初期，相对传统的出租车市场，滴滴的市场接受度相对较低，产品缺乏用户推广和消费习惯的培养。滴滴设计开发了红包补贴的价格策略，利用用户对红包的敏感性吸引司机和乘客，迅速提高了产品知名度，完成了用户习惯培育。同时，滴滴随着市场的不断变化，及时创新补贴方式、调整价格策略，营销推广效果显著，补贴策略重塑了司机和消费者的用车习惯。

线上与线下融合开拓市场。滴滴在线上充分利用网络平台优势，在交易完成后，乘客在客户端可以领取打车优惠券或现金减免额度，司机在客户端可以领取奖励，有效提高了用户黏性。在线下，滴滴安排工作人员作为乘客实地向出租车司机推销打车软件，并到出租车公司推销滴滴的产品，广泛宣传打车软件的便捷使用和红包优惠，提高乘客和司机对滴滴打车软件的了解程度，实现初期的市场开拓。

创新移动支付模式提供便捷服务。2015 年合并前，滴滴和快的分别以自身的第三方支付平台——微信和支付宝作为依托，第三方支付平台都与银行卡绑定，使得打车更为便捷。在合并后，滴滴在支付方式上也进行了整合，将强大的微信支付平台和支付宝支付平台作为依托，使支付更加便捷和生活化，提高了司机和乘客双方的支付效率。

培养用户习惯实行快速渗透策略。滴滴出行使用补贴策略、免费使用 APP、移动支付等实惠、便捷的条件迅速开拓了用户市场，用户通过使用滴滴出行的服务后，体会到了打车软件的便利和实惠，逐渐将打车软件视为出行的必需品。与大部分互联网产品和服务类似，滴滴出行通过快速渗透策略，培养了司机和乘客双向的消费习惯，随着用户习惯的培养，滴滴后续可以采取取消补贴、降低优惠、对软件收费等方式实现盈利。

(3) 深度挖掘提供出行效率。

采用多元化的布局方案实行产品创新。滴滴出行扭转了 B2B 思路，向 B2C 模式转型。当用户发展到一定规模后，滴滴瞄准不同的用户需求进行市场细分，先后创新了专车、快车、拼车、代驾、定制巴士等细分领域的多元化业务，扩大平台覆盖面，增加受众群体，细化服务，并建立相应的商业模式，继续延用补贴策略，通过大众市场的用户积累带动小众市场的发展需求，实现用户规模和业务量的迅速扩大。

利用大数据实现信息挖掘。滴滴出行针对大城市公交出行体系在精准化、个性化、舒适化方面存在的不足，在北京、深圳开发了“滴滴巴士”，实现在城市通勤出行领域的定制化服务。目前，在北京、深圳，滴滴巴士已开通 500 条线路。以北京为例，滴滴巴士开通的线路将近 300 条，超过 700 个班次。通过与有客车租赁经营资质的企业合作，利用互联网大数据的先进技术，锁定人口密度高的办公区域和居住区域，了解乘客的出行需求制订合理的班车路线，将线下闲置的客车资源与定制线路进行精确匹配，搭建平台满足用户通勤出行需求。

盘活闲置交通资源，成为出租车有益补充。由于出租车数量受到严格管控，难以满足人们日益增长的个性化出行需求，而滴滴出行以便捷化、精细化、品质化的服务弥补了市场缺口，用户规模得以迅速扩张。从用户使用频率来看，专车偶发性使用频率较高，偶尔使用专车的用户群体为主流。从用户的需求动因看，专车弥补了市场运力不足。

4.1.3 案例点评

“互联网＋”的时代，一方面使得传统行业的发展方式受到挑战，另一方面也为商业模式创新迎来机遇。滴滴出行利用移动互联网、大数据等现代技术手段，积极创新打车平台，整合线上线下资源，满足用户个性化需求，实现需求与服务精准匹配，提高城市交通效率。滴滴出行的实践案例对商业模式创新有如下几点启示：

（1）以移动互联、大数据等技术为驱动力，实现互联网＋定制交通方式，满足个性化需求。滴滴出行在调研用户需求的基础上，以移动互联、大数据等先进技术为驱动，实现产品和服务的优化，创造出符合需求的产品和服务，迅速占领网络预约出行市场。利用移动互联技术，依托“互联网＋”实现定制交通方式，满足个性化需求，实现精准营销。利用大数据实现产品创新，根据大数据测算推出滴滴巴士等定制服务，提高城市交通效率。

（2）通过网络接口整合社会资源，开创共享经济模式。目前全球分享经济呈快速发展态势，通过分享、协作方式进行创业创新，门槛低，成本小，速度快。滴滴出行作为中国分享经济实践的引领者，成功的关键在于瞄准了城市交通出行市场的巨大需求缺口，通过移动网络接口启动社会闲置资源，为社会上的车主提供创造的机会和发现新价值的平台，为用户提供便利实惠的出行服务，落实李克强总理提出的“大众创业，万众创新”目标，开拓了共享经济理念。

（3）推进传统出租车行业的市场化发展，提升出行服务质量。滴滴出行是商业模式创新打破传统出租车行业垄断的典型案例，在实现自身发展的同时扩大了出行行业服务供给，促进了打车市场服务优化。滴滴出行的打车软件利用信息的平台共享性，将乘客的满意度和好评及时发布和反馈，使得司机为了争取接单会自己提高服务质量，提升用户满意度。随着《国务院关于积极推进“互联网＋”行动的指导意见》发布，对“互联网＋便捷交通”的持续发展意义重大，滴滴出行将随着“互联网＋”的发展提供更加高效优质的服务，提高城市交通效率。

4.2 Opower 公司：“互联网＋能源”在家庭用能管理领域的应用

4.2.1 公司概况

Opower 公司是一家能源数据分析公司，更是全球领先的家庭能源管理企业，公司基于用能数据的分析，为公用事业提供能源解决方案；在有效降低家庭用能比例的同时，让用户获得直观的节能体验。该公司成立于 2007 年，属于典型的新创企业，依托其先进的管理理念、创新的商业模式，Opower 公司逐渐发展壮大，2011 年被福布斯评为美国最具潜力的新兴企业；2014 年公司完成 IPO；2016 年 5 月，同世界领先的数据库/云计算厂商 Oracle 合并，合并后依然保留公司品牌，继续为公用事业企业及用户提供能源服务。目前，Opower 公司成功发展了来自 10 个国家的 96 家公用事业企业客户，其中包括美国排名前 50 公用事业企业中的 28 家，覆盖的家庭用户和商业用户超过 5000 万户，公司直接掌握的能源数据涵盖全美 37％的家庭，能够获取约 1.15 亿家庭的能源消费数据。公司在官方首页实时更新节能动态信息：自公司成立至今，公司已累计为用户节省电力 60 亿 kW•h，节省电费合计 9 亿美元，减排二氧化碳 64 亿磅（约合 295 万 t）。

4.2.2 主要做法

(1) 充分挖掘 SaaS 模式的运营优势。

Opower 公司认识到，新创公司在创业初期，会面临营销投入量大、回报周期长、市场拓展难等方面的诸多困境，只有凭借“互联网＋”的运作思路、明确的角色定位、创新商业模式，才有可能在众多能源服务公司中脱颖而出。因此，不同于直接面对客户的 B2C 模式，Opower 公司将自己定位为“公用事业云计算软件提供商”，选择了基于互联网提供软件服务的应用模式——Software as a service 模式（以下简称 SaaS 模式）。以电力公司为例，SaaS 模式的运作流程如图 4-3 所示，电力公司首先通过智能电表的采集用户用能信息，然后将获取的数据信息提供给 Opower 公司，并支付其数据分析平台的使用

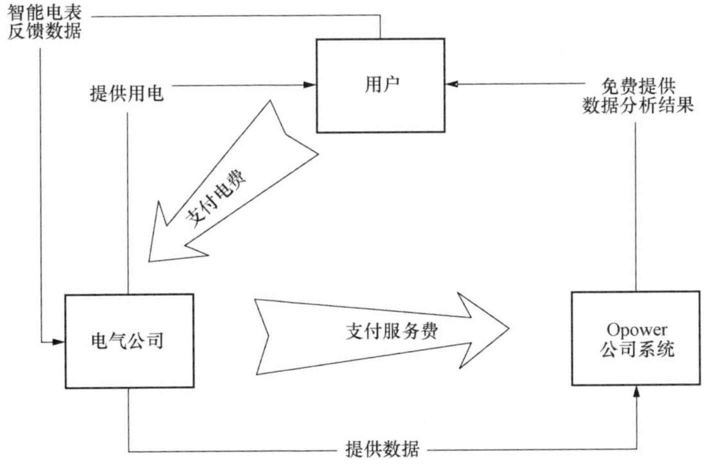

图 4-3 Opower 公司能源数据分析平台

费用，Opower 公司将其基于平台分析得出的结果免费提供给电力用户的过程。

SaaS 模式直接面对公用事业企业，利用数据分析平台对公用事业企业掌握的海量数据信息进行加工处理，从而为客户提供一份具有高附加值的用能账单。可以说，模式的应用对 Opower 公司、公用事业企业、电力客户带来了多方共赢的格局。对于 Opower 公司而言，仅需要专注于搭建大数据分析平台，为电力用户提供专业的用能解决方案，节省了大量用于购买建设机房、购买软硬件等费用。对于公用事业企业而言，应用数据分析平台，不仅能够改善与电力用户之间紧张的关系，而且能够直接带来节能环保的效果。特别是用电高峰时期，对电力用户的节能提醒，能够为电网运行的稳定性提供可靠的保证。对于电力用户而言，贴心、直观的用能账单，能够使用户真切的感受用能情况，带来切实的节能体验。

（2）设计基于行为科学的用能方案。

科学的用能方案，不仅能够客观的反映用户用能情况，而且能够针对每个不同用户提出有效节能解决方案。Opower 公司十分重视用能方案设计的科学性，通过运用软件系统综合分析家庭能耗数据，对每位用户都建立家庭耗能档案，整合行为科学理论、用户习惯、房龄信息、周边天气等信息，以此为参考依据，提出节能建议。

解决方案注重多领域融合。Opower 公司提供的每个用能方案都是在多领域专家综合考量基础上设计的。其中，行为心理学专家在用能方案设计方面发挥了无可替代的作用，Opower 公司提供的方案往往都能涵盖了行为科学的知识和方法。

提供节能直接激励和邻里比较。不同于口号宣传之类的节能方式，Opower 公司往往注重对用户节能的直接激励，鼓励用户真正投入并持续参与到节能活动中。例如，在用能负荷高峰出现前一天，用户就会收到公司发出的节能方案，用户如果应用了节能方案，Opower会对用户给予相应的奖励。可以说，这种方式与国家采取的阶梯电价等电价政策、智能用电设备实施的需求响应方案相比，更具经济性和可操作性。同时，邻里用能比对更能激发用户节能的动力，发挥出了意想不到的效果。

注重解决方案的及时性和可操作性。结合不同用户的调研访谈，公司发现用户往往容易忽视用能情况，因此，公司认为提升用户对用能方案的关注度，加强与用户的沟通联络是促进方案有效执行的关键。因此，公司不局限于传统邮件送达节能信息的方式，往往通过短信、邮件网络平台等多种形式，迅速准确地将用能信息传达给用户，并以图片等可视化程度高的展示方式，在极短时间内对用户造成强烈冲击。同时，公司的服务具有普遍性，为每位用户提供贴心的用能服务。无论客户的性别、年龄、学历、收入、语言等，都一视同仁。

(3) 提供贴心的个性化服务账单。

个性化的服务账单是公司商业模式创新的另一个重要方式。Opower公司往往通过直观、感性的方式向用户呈现账单，增加用户的亲切感，同时注重用户体验，以柱状图等形式对用户家中制冷、采暖、基础负荷、其他各类用能等用电情况进行分类列示，并与用户的邻里进行比较，还根据用户的用能情况，在账单或报告上印上“笑脸”或“愁容”的图标。

一是直观的客户服务界面。当用户第一眼看到账单就能够专注于节能信息，并在第一时间掌握，从此使用户节能没有迟延。同时，每一个账单就像是节能知识的普及，让客户逐渐成为节能专家，养成节能的良好习惯。在节能信息上有明显的提示，可以通过提示与客户达成良好的互动。通过直观的客户界面，可以使处理时间缩短30%，节省了上门服务、进行仪表测试的时间。

二是主动、及时的报警提示。当用户出现异常时，公司提供了主动报警服务，一方面，当客户收到账单后，立刻能够在账单上查明有针对的用能提示。另一方面，当用户出现高耗能的设备，立刻主动报警，提示用户。通过用能提示，客户节能的情绪提升6%和电力公司计费呼叫降低了19%。

三是清晰的邻里比较。在客户的账单里，还有几组独特的比对，主要包括用户实际电费量、节能用户的电费量、周围邻居的电费量。同时，账单中还有鼓励或是预警的提示，并附有用能解决的方案。简短的提示标语，能够激励用户更好地履行节能的义务。

（4）全面发挥大数据的支撑保障作用。

大数据分析是公司商业模式创新的核心。云平台以及数据整合能力是公司可持续发展的关键。Opower公司的内核就是开发云平台为公用事业公司整合用户能耗数据，据此向用户提供定制化的用能管理以及节能建议。实质上，公司大数据应用模式非常简单，就是收集数据、分析数据、反馈数据的过程，分析结果就是最终的商品。

而在数据分析的背后，有一系列的数据系统作为支撑。一是聚合数据。将公用事业企业提供的数据存入同一系统。二是信息数据库。将电力公司用户数据、用户交互数据、运行数据和第三方数据集中进行存储。三是数据分析系统，将用户信息进行分类识别，对用户电费账单进行预测。四是智能应用系统。对用户进行实时分类，针对每个用户分析出其个性、心理和行为特点。五是传递系统。通过传递系统可以将分析好的信息迅速传递给用户。六是搜索系统。公用事业企业可以通过这一系统任意调取用户信息。六大系统保证了用户用能信息的收集、分析、传导，实现了互联网技术在家庭用能领域的应用。

同时，为了向客户提供附加值更高的服务，公司不断研发创新，开发了一系列的软件、应用作为支撑，同时注重产品之间的关联度，通过组合产品和服务吸引用户，提供渗透度更高的服务。

4.2.3 案例点评

当前，我国电力体制改革正在有序推进中，售电侧放开是电力体制改革的重要内容，售电公司如何组建、未来如何发展成为社会关注的主题。同时在国家“互联网+”战略的驱动下，互联网与传统能源的交叉融合逐渐成为社会的主流趋势，而用户的多样性服务需求的增强，更加推动了新兴企业商业模式的创新。Opower公司的成功实践为我国逐步兴起的售电公司提供了方向，对我国未来能源服务业务发展具有重要的参考价值。

(1) 搭建各方共赢模式是重点。Opower公司之所以能够在数以万计的新创公司中脱颖而出，搭建各方共赢的商业模式，可以说是其能够成功的关键。成功应用SaaS的运营模式，减少了公司的初创成本，保证了公司在平台研发上的资金投入。同时，能够让公用事业企业、电力客户以及社会真正受益的节能服务；通过官方网站实时的数据显示、良好的用户体验、重组并购战略都推动着公司从初创走向成熟。当前，随着互联网经济的兴起，我国逐步涌现了小型、微型的初创公司，Opower的成功为这些公司树立了成功的典范，如何精准把握各方共赢的切入点，才能保证这些公司走得更加踏实、稳健。

(2) 关心用户卷入和黏性是关键。精准服务、以客户利益为中心的利益导向成为广泛共识，但是如何真正落地实践，却成为商家探求的关键。Opower节能技术方案是在行为科学和大数据技术结合的基础上形成的。转变节能理念，不局限于道德说教，而是通过直接激励和邻里比较进行转型；转变账单形式，为用户提供眼前一亮的账单形式，提升了节能的趣味性。个性化、定制型的服务思路，不仅有效吸引了用户对节能活动的广泛参与，更渗透到公司各项业务中，实现了服务的整体提升。潜移默化中，用户逐渐形成了节能的习惯，实现了全社会节能的真正目的。当前，如何围绕客户进行营销是我国企业普遍关心的问题，Opower公司应用行为科学理论的做法可能不适用于每一个行业，但是这种尝试为我国企业带来了一种新的思路。多领域合作是社会的普遍共识，互联网＋的理念让跨界融合成为可能，拓宽领域，拓展思路，加强合作或许是解决这一问题的关键。

(3) 数据分析平台的研发创新是核心。Opower公司十分注重对数据分析平台的资金投入，甚至在其濒临破产的时候，也依然持续地对核心数据分析系统进行投入。得益于此，投资者始终对公司抱有信心。核心领域的研发创新是我国企业与外国企业的差异，摒弃那种低端领域的加工制造，加强对核心领域创新研发投入力度，才能保证我国企业能够在“互联网＋”时代的永续发展，才是提升核心竞争力的关键。

4.3 SpaceX：“互联网＋航天”开辟商业航天飞行新纪元

4.3.1 公司概况

SpaceX，全称为太空探索技术公司（Space Exploration Technologies Corporation），成立于2002年，是一家总部位于美国加利福尼亚州霍桑市的私有化高科技企业，主营业务为太空设备制造及空间运输服务。其创始人兼CEO埃隆·马斯克（Elon Musk）系美国著名企业家，是知名国际贸易支付企业贝宝（PayPal）的早期投资人和前CEO，同时也是电动汽车生产商特斯拉汽车公司（Tesla Motors）和家用光伏发电服务商太阳城公司（SolarCity）的创始人和现任CEO。

作为一家初创企业，SpaceX成立不久就立即投入大量资金开始研发并组织进行了一系列的发射试验。2006—2008年，其自行设计制造的猎鹰1号火箭进行了4次发射试验，在经历了多次令人绝望的失败后，终于在第 4 次取得了成功。2010 年，SpaceX 成功发射并回收了同样由其自主研发的龙飞船。2012 年，龙飞船携带货物与国际轨道空间站实现顺利对接，成为世界首家完成此项任务的私人企业。2015 年 12 月，SpaceX 成功收回了发射的猎鹰 9 号火箭的一级火箭，在人类历史上首次实现了火箭回收，此后又多次实现在海上平台回收火箭，一时引来全世界的高度关注（见图 4 - 4）。短短十多年间，SpaceX 从一家仅有几十名员工的初创企业，在克服一系列挫折失败和危机险阻后，终于成为航天工业的新贵。截至 2016 年 2 月，SpaceX 已拥有各类专业工程师、技术人员等顶尖人才近 5000 人，与 NASA（美国国家航空航天局）、美国空军等建立了密切的业务联系，获得各类发射合同超数十亿美元，具备了与洛克希德·马丁、波音公司等老牌航天巨头企业竞争的强大实力。

图 4 - 4　猎鹰 9 号火箭发射及回收路径

4.3.2　主要做法

SpaceX 在航天工业这一传统领域之所以能取得快速突破和迅速发展，与其一系列商业模式创新之举密切相关。商业模式通常理解为是对企业经济模式、运营结构和战略方向的整体描述，是对企业的商业系统如何高效运行的本质刻画。而受技术进步、市场需求、竞争压力、战略选择等多种因素驱动，企业要更好地适应市场变化，不断提升实力和竞争力，就必须时时检视并持续推进自身商业模式创新。

以 1957 年苏联发射第一颗人造卫星为标志，世界航天工业在近 60 年间发展迅速。由于航天工业需要大量的资金及人员投入以研发新技术、开发新产品以及生产相关设备，因此具有高度的技术密集和资金密集特点，其集成各类前沿技术、材料、设备于一身，集中体现了一国的综合国力、科技发展和工业水平，是一项综合性极强的国家级战略性产业。从航空工业发展历程来看，各国航天企业无一不是在本国政府的大力支持下兴办，与本国政府间存在十分密切的联系。

早期，由于技术条件尚不成熟，航天发射的价格十分昂贵，加之受世界政治经济形势影响，航天飞行主要用于军事、国防、科研目的，在商业领域的应用较少，因此航天飞行服务基本上为少数巨头所垄断。随着产业成熟度的持续提升，航天工业的成本不断下降，而诸如通信卫星发射等商业航天飞行需求则日益增长，传统航天企业开始向社会开放提供航天飞行服务。与此同时，一批新兴企业也开始涌现并加入到商业航天飞行的市场竞争中。但世界航天工业的格局和模式并未因此而发生根本性转变，无论是传统企业还是新兴公司，在经营理念和商业模式上总体具有趋同性。而作为该领域的新生力量，SpaceX 不受既有规则约束，将互联网思维与航天工业深度结合，由此带来颠覆式的商业模式创新、令人惊叹的新产品以及令对手如坐针毡的超低价格。综合来看，其商业模式创新的主要做法有以下几点。

（1）树立宏大的企业商业愿景。

商业模式是企业战略、经营、管理的系统总成，其构成要素通常包括价值主张、目标顾客、分销渠道、顾客关系、价值结构、核心能力、伙伴网络、成本结构、收入模式等。对企业而言，其存在的根本意义就在于为社会尽可能多的创造价值，因此价值主张在企业商业模式中发挥着主导作用，具有最重要的地位。价值主张通常表现为企业的愿景和使命。

商业愿景与企业家精神紧密融合。作为一家私有企业，SpaceX的价值主张与其创始人兼CEO马斯克的理想保持着高度一致。马斯克是一位具有传奇色彩的企业家，其投资或创办的企业目前在世界范围都具有广泛影响力。无论是PayPal带来的全球支付革命，还是特斯拉所引发的全球电动汽车热潮，都给传统的金融支付以及汽车行业带来了革命性的颠覆和冲击，两家企业在商业上的成功也有目共睹。然而，马斯克的理想并不仅于此。早在大学期间，马斯克就开始思考世界面临的真正问题、人类未来的发展等重大问题，并认为互联网、可持续能源和太空探索将是可能改变人类未来走向的三大领域，而其之后的创业投资之路也始终围绕这三个领域展开。

宏大愿景与商业目标有机结合。早在2004年投资入股特斯拉公司之前，马斯克就在2002年6月创设了SpaceX，并在转让其持有的PayPal股份之后迅速投入1亿美元。SpaceX的设立初衷，从商业目的上看，是为了研究如何降低火箭发射成本，将发射费用降低到现有商业航天发射市场平均报价的1/10，并计划在未来研制世界最大的火箭用于人类的星际移民。而从远景目标看，作为CEO的马斯克始终认为，人类生活的地球充满了危险和不确定性，只有向太空进军，具备向地外行星开拓甚至移民的能力，人类才有未来和希望可言。而现有航天工业的商业运作模式和高昂的发射成本，根本无法满足马斯克的构想。为此，他选择成立SpaceX作为实现理想的工具，希望通过自己的力量为人类的这一飞跃提供助推。SpaceX成立至今的一系列运作均围绕着这一愿景而展开。

坚持不懈不惧压力。当然，马斯克并非第一个提出火星移民计划的人，关于此计划的可行性也饱受争议和质疑。事实上，在 SpaceX 成立之初，不少人认为马斯克的想法是疯狂且不切实际的，SpaceX 这家企业也将很快失败。但 SpaceX 和马斯克始终没有放弃，随着近期连续试验成功，SpaceX 的企业愿景也开始变得不那么遥不可及。

(2) 建立“互联网+”型航天研发运作流程。

马斯克认为，高昂的发射费用是阻碍商业航天飞行服务普及乃至人类太空移民梦想的最大障碍。而如何竭尽全力降低成本，既是 SpaceX 设立的商业初衷之一，也是实现企业愿景的必要手段。马斯克并不十分了解传统航天工业的研发运作流程，但他以工程师精神为指引，按照自己的理解和想法，将硅谷的互联网基因融入 SpaceX，重新开发整个研发平台，打造出一套适合企业实际，紧凑、高效、务实的“互联网+”型运作体系，真正实现了降低发射成本的目标。2015 年猎鹰 9 号的成功回收，正是该体系有效运作的集中体现。

构建紧凑循环的运作流程，大幅缩短周期、提升效率。传统航天工业从研发、设计、制造、试验、投运直至发射，环节繁多，流程冗长，各环节、各部门间的纵向、横向沟通缺乏有效手段，效率低下，不仅使整个产品生产周期大大延长，也大幅增加了产品出现问题的概率，以及为解决问题所需的时间和资源投入。为避免同类问题，SpaceX 采用完全的硅谷式运作方式，马斯克亲自规划设计了工厂的布局和业务流程，均匀分布办公桌和工作台，将负责软件的电脑科学家、设计工程师与制造硬件的焊接工、机械师等安置在同一个空间内，使火箭等飞行器的设计与制造间能够有效沟通、快速反馈，大大提升了产品研发效率。

自主制造飞行器所需零部件，大幅缩短供应链、减少采购环节。航天工业发展至今，产业链已经高度细分化和专业化，各类零部件供应商和外包服务提供商繁多。作为新进入者，SpaceX 没有采用从数千家供应商处采购配件并加以组装的方式，而是选择尽可能多地自主生产各类设备和配件。除了舱门把手、安全带等小部件，SpaceX 甚至自主设计改良制造了火箭的核心部件——发动机。其发射的猎鹰系列火箭的梅林发动机（见图 4-5）源自 20 世纪 60 年代美国登月轨道舱所使用的火箭发动机，由 NASA 授权技术给 SpaceX 公司使用，通过一系列改良，最新版的梅林发动机达到了极高的工作效率。通过这种方式，SpaceX 实现了惊人的成本控制，据计算，航天公司所使用的工业级设备一般要耗费 5 万～10 万美元，而 SpaceX 的设备只需花费 5000 美元。

图 4-5 SpaceX 自主研发的梅林发动机

充分运用互联网技术优势，大幅提升资源配置的协同性和有效性。SpaceX 将自动化、信息流、工作地点与团队配合进行了综合考虑，将自主开发的软件平台与第三方软件系统进行集成，并通过训练与仿真简化任务系统，实现了前后方人员的优化配置和发射任务的快速响应，保持了工作能力的可持续性。同时采用集中化工厂作业，其绝大部分员工都在总部工作，火箭和飞船的设计及制造也在总部进行，而试验和调试则在选定的发射场进行连续作业、现场实时调整，由此大大促进了公司资源的有效协调与高效配置。

(3)打造精英化、扁平化的组织架构。

SpaceX 的企业愿景固然宏大，但要在实践中落地和践行仍然面临着重重挑战。马斯克是一名优秀的程序员和工程师，但并非航天领域的专家。虽然在创业之初通过阅读一些专业书籍，使他对该领域有了大体了解并初步论证了自己想法的可行性，然而航天发射涉及的技术领域极为广泛，需要各种不同专业背景的人才组成团队共同奋斗。在团队建设和组织架构设计方面，马斯克仍然继续发挥硅谷精神，着力打造精英化、扁平化的人才队伍和组织结构。

推行人才精英化。为快速赶超传统巨头，马斯克不惜重金网罗专业人才。由精英人才组成的小型精干高效团队是 SpaceX 公司的一大特色。这一方式通过整个团队在固定的地点协同办公有效地促进相互间的协调，同时，马斯克特别强调培养“高工资、高水平、高效率”的“三高”小型精英团队，从波音、洛克希德·马丁、诺斯罗普·格鲁曼等大型航天企业中招来了一批业务骨干担任公司高管，这些骨干具有深厚的航天背景和丰富的工作经验，提升了实际工作开展效率。

构建扁平化组织结构。传统航天巨头中的骨干之所以愿意前往 SpaceX，一方面是因为后者愿意提供更好的薪酬待遇，另一方面则是因为前者日益暴露出官僚化和迟缓化的弊端。不少技术专家认为自己在原有体制下将一事无成，而 SpaceX 扁平化的组织结构，以及平等化的内部关系，对这些精英无疑具有极大的吸引力。从组织结构上看，由马斯克兼任首席技术官，1 名总裁负责行政工作，9 名副总裁分别负责相关技术或业务领域工作，另有首席财务官、首席信息官以及电子、制导与控制总工程师各 1 人。公司内部没有通常意义上的部门划分，甚至没有组织机构图。各领域的员工平等地参与技术研讨、设计和开发等工作。

(4) 紧紧把握国家战略带来的商业机遇。

SpaceX 的发展壮大，固然与其远大宏伟的企业愿景、特立独行的运作模式和硅谷风格浓重的企业氛围密切相关，但同时也与美国政府在航天飞行领域的商业化战略密切相关。在进行商业模式创新，确定企业的核心价值供给时，企业既要有远大的理想以向社会提供中远期价值输出，也应充分关注现有市场需求并想方设法予以满足，后者是企业在市场上立足生存的根本。

SpaceX 生逢商业航天飞行的黄金机遇期，一方面，航天产业的民用化、商用化快速推进，对近地轨道常态化运输提出旺盛需求；另一方面，美国作为航天大国，在国防和科研领域却面临发射费用高昂、预算不断削减的尴尬，亟需打破传统巨头的垄断，寻求更为经济的供应商。为此，NASA 于 2006 年初启动了商业轨道运输计划(COTS)，向符合条件的商业公司提供资金和技术支持，并与满足条件的企业签订运输服务协议，旨在通过此种新模式促进美国商用航天市场环境培育，为政府和私人用户提供更加优质的商业航天运输服务。

马斯克敏锐把握到国家新的航天发展战略带来的重要机遇。如果 SpaceX 能够成为 COTS 计划的参与者，将会为企业发展打开全新局面。为此，SpaceX 一方面加快了研发及试验进度，另一方面积极与 NASA 进行沟通交流，争取加入该计划。2006 年，SpaceX 从 NASA 获得 COTS 第一阶段价值 2.78 亿美元的合同，2008 年，随着猎鹰 1 号火箭的发射成功，SpaceX 又相继获得了价值数十亿美元的多份发射合同，顺利度过了当时面临的财务危机。除了资金与合同，SpaceX 还从 NASA 处获得了大量核心及关键技术的指导和帮助。同时，马斯克还加强同军方的合作。2015 年 5 月，美国空军宣布 SpaceX 具备执行“国家安全”级别太空飞行任务的资格，在此之前该资格仅为 ULA 所享有，同年 6 月又向其提供了第一份 GPS 卫星发射合同。通过一系列合作，SpaceX 与美国政府建立了密切联系，甚至得到美国总统奥巴马的关注，由此大大提升了企业知名度，为其拓展商业市场创造了有利条件。

4.3.3 案例点评

作为航天工业领域新秀，SpaceX 成立之初没有相关的人才和技术储备，其所持有的资金相比航天研发所需量也可谓杯水车薪。而其竞争对手，在美国国内就有洛克希德·马丁与波音两大巨头组成的 ULA 发射联盟，在国际上则有以中国长城工业集团有限公司为代表的经济型航天企业。无论是在资金、技术、人才，还是价格、经验、市场，SpaceX 都不具有任何优势。可以说，其成功完全取决于自身独特的商业和运作模式。深入分析可以发现，SpaceX 的商业模式和企业特质，例如市场导向、大胆试错、平等管理、扁平架构等，在谷歌、Facebook 等硅谷出身的互联网企业中其实极为普遍，并非其独创或首创。但难能可贵之处在于，SpaceX 将这种硅谷气质和互联网精神顺利移植到航天工业中，从开发平台到研发流程，全面颠覆了既有航天工业的传统模式和做法，真正实现了行业质变。在 2011 年的一封公开信中，马斯克表示，猎鹰 9 号的标准发射费用是 5400 万美元，对比 ULA 的 4.35 亿美元报价，可以说低了一个数量级；即便是长期在国际市场上以低价著称的中国长征系列，最低发射费用也在 6000 万美元。回顾 SpaceX 的商业模式创新之路，有如下几点启示。

（1）商业模式创新越来越具有系统性。早期，企业在进行商业模式创新时，往往会针对既有商业模式甄选若干关键要素加以改良或重构，以此作为突破。而随着各类技术的快速演进和市场需求的迅速变化，这种局部或片面的创新模式已难以满足企业发展所需。SpaceX 所采取的则是一种系统性的商业模式创新，这种创新不仅局限在企业的经济、运营乃至战略层面，而是聚焦愿景目标，全面设计涵盖从战略到执行、从研发到生产的全过程、各环节。实践表明，这种创新模式不仅帮助 SpaceX 在陌生市场迅速站稳脚跟，更使企业形成独特的核心竞争力，具备了打破传统格局、强势争夺主导的关键能力，得以最大限度发挥后发优势。

(2) 商业模式创新应当坚持市场导向。创新对企业发展的重要性毋庸置疑，越来越多的领导者也充分意识并有意引导企业实现创新。但如果仅仅为了创新而创新，无视市场需求和外界发展，很容易走入歧途，虽然也能实现一定程度的创新，但却可能背离企业的初衷和目标。而 SpaceX 的商业模式创新，始终紧紧围绕市场需求展开，针对市场上现有产品及服务的不足，抓住成本控制这一主干，以低廉的价格、优质的服务充分满足客户要求，并根据市场需求变化动态调整创新策略，从而不断扩大市场占有，向着企业预定的远景目标稳步前进。

(3) 商业模式创新必须持之以恒。商业创新同时意味着无前车之鉴，难以找到成熟的经验可供参考。创新过程中也必然会遇到许多难以预料的问题和困难需要解决和克服。SpaceX 在成长过程中也历经多次试验失败、财务危机、市场困境等，在取得成功前没有任何人能证明现有商业模式的创新是正确的。但马斯克始终坚持贯彻自己的理念和做法，其团队也凭借对所从事事业的热情和信念不断解决遇到的问题，在此过程中，坚韧、决断、隐忍的企业家精神无疑发挥着决定性作用。只有企业的管理者有持之以恒的毅力和决心，企业的商业模式创新才有可能梦想成真。

5

智 库 运 营

本章案例要点

兰德公司：兰德公司是当今美国乃至世界最负盛名的决策咨询机构，被视为当代智库的鼻祖。在其近七十年的发展历程中，兰德公司走过了从依附到独立、从单一到多元、从封闭到开放、从单纯服务美国空军到服务全球客户的发展历程。依靠灵活的组织结构、高效的运营管理和高素质专家团队，兰德公司已然成为综合型智库建设的典范。

阿里研究院：依托阿里巴巴集团海量数据、深耕小企业前沿案例、集结全球商业智慧，以开放、合作、共建、共创的方式打造具影响力的新商业知识平台。自 2007 年 4 月成立以来，阿里研究院与业界顶尖学者、机构紧密合作，聚焦电子商务生态、产业升级、宏观经济等研究领域，共同推出 aSPI-core、aSPI、aEDI、aCCI、aBAI 及数据地图等多个创新性数据产品、大量优秀信息经济领域研究报告，以及数千个经典小企业案例。服务企业战略的同时，打造互联网背景下的业界影响力。

西门子管理咨询公司：西门子管理咨询公司是西门子集团内部设立的战略管理咨询公司，是全球最大的企业智库之一。SMC 通过在业务方面扮演战略智库角色，不断积累相关领域的专业知识，为客户提供克服挑战性问题的长期解决方案，通过持续高效开发人才，打造西门子公司管理人才池。基于清晰的战略定位和全球布局，SMC在合伙人制度、项目运行机制等方面不断提高智库管理水平，帮助西门子集团形成快速驱动企业战略议题的内部能力，以在全球竞争格局下获取核心竞争优势。

历史经验表明，智库在国家崛起、企业转型等关键时期起到巨大的推动作用。构建中国特色新型智库对催生中国智库生态起到积极作用，中国智库发展迎来窗口期。作为特色智库重要组成部分的企业智库，需要探索和构建新型组织管理模式，加快新型企业智库建设，为持续推动企业转型发展提供智力支撑。

企业智库不仅为央企储备和培养管理人才，而且也为企业主动参与改革提供有力支撑。构建企业内部智库对在经济新常态下促进企业转型、辅助企业制订转型战略、促进企业降本提质增效等具有重要意义，未来将为增强企业软实力提供重要保障。

本报告选择了兰德公司、阿里研究院、西门子管理咨询公司三家国际优秀企业案例。其中，兰德公司在二元矩阵式组织管理、运营管理机制方面提供成功经验，阿里研究院在架构设置、研究模式、研究产品等方面亮点颇多，西门子管理咨询公司全球化视角下的企业内部智库建设也具有一定启示。

5.1 兰德公司：综合型智库建设

5.1.1 公司概况

兰德公司是当今美国乃至世界最负盛名的决策咨询机构，被视为现代智库的鼻祖。公司正式成立于1948年，总部位于美国加州圣莫妮卡，最初以研究军事尖端科学技术和重大军事战略而闻名于世，后期逐渐将研究领域拓展到政治、经济、社会等方面，发展为美国最大、最有影响力的综合型智库之一。2015 年，兰德公司总收入 2.93 亿美元，共有 1750 余项正在进行的研究项目，雇佣超过 53 个国家的 1875 名雇员，除美国本土外，拥有欧洲（RAND Europe）和澳洲（RAND Australia）两个地区分中心及亚太政策中心、全球风险与安全政策中心、中东公共政策中心、俄罗斯和欧亚大陆研究中心四个国际研究中心，在国际权威智库排名报告《全球智库报告（2015）》中位列全球智库综合排名第八位。

5.1.2 主要做法

(1) 灵活的二元矩阵式组织管理。

兰德公司在研究人员和研究项目间实行二元矩阵式组织管理，如图 5-1 所示。

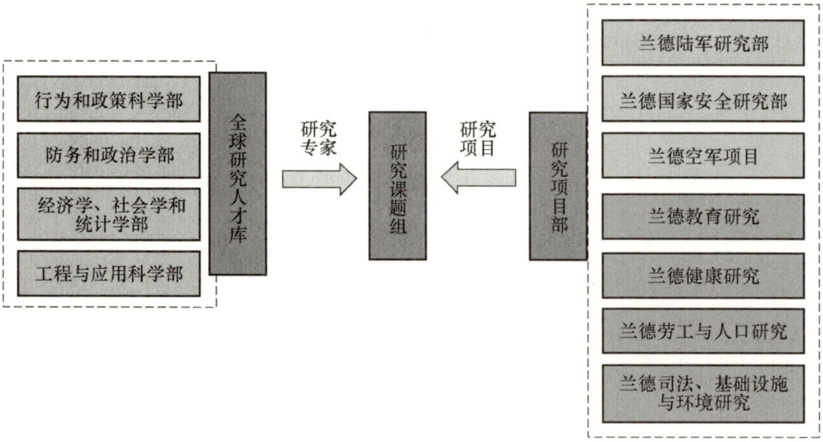

图 5-1 兰德公司矩阵式组织管理体系示意图

在对研究人员的管理方面，将所有研究人员都纳入“全球研究人才库”（GlobalResearch Talent），内设不同的研究学部（Research Department）。研究学部的设置会随着兰德公司主要研究领域的变化而不断调整。2015 年兰德公司再次调整学部结构，形成“行为和政策科学部”“防务和政治学部”“经济学、社会学和统计学部”“工程与应用科学部”四大学部，各类研究人员按其专业特长划归四个研究学部。研究学部主要负责对研究人员的招聘、考核、薪酬、解聘等人力资源管理，同时负责对研究项目进行审查和质量控制。

在对项目的管理方面，按照研究项目所属研究领域分为七个不同的研究项目组（Research Programs），其中“兰德陆军研究部”“兰德国家安全研究部”“兰德空军项目”三个项目组主要开展军事领域的研究项目，“兰德教育研究”“兰德健康研究”“兰德劳工与人口研究”“兰德司法、基础设施与环境研究”四个项目组主要开展非军事领域的研究项目。研究项目组负责对本领域的课题进行全过程管理。

在项目运作机制方面，研究项目组承接课题后，课题负责人根据研究需要到四个研究学部抽调研究人员组成课题组，课题结束后研究人员将回到各自原来的学部，按新课题的需要重新组合，从而形成了公司内部流动的人力资源市场。

这种矩阵式组织管理将行政事务和研究工作有效区分，既有利于学科建设和人才培养，也有利于发挥跨学科人才优势协作完成课题任务，成为现代智库较为理想的组织管理形式。

（2）兼顾市场导向与学术导向的运营管理机制。

第一，资金来源多元化，维护研究独立性。

资金来源多元化是维护智库独立性的重要保证。兰德公司早期的研究经费几乎全部来自美国军方，随着研究领域的拓展，资金来源渠道也日渐多元化。总体来看可分为四类：一是来自美国各级政府和军方的研究项目收入，约占兰德公司全部业务收入的70%以上；二是来自国际机构、非美国政府机构、研究院所、私营企业的研究项目收入，约占业务收入的15%左右；三是来自各种基金会、私营企业及个人的捐助和赞助，约占业务收入的10%左右；四是出版书籍和学术会议收入，约占1%。具体经费来源如图5-2所示。

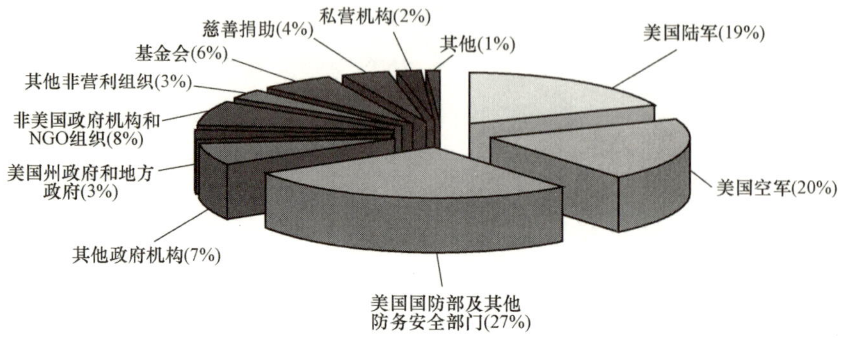

图5-2 兰德公司经费来源情况

虽然兰德公司的业务收入仍以美国政府和军方为主，但其服务对象却十分广泛，包括美国国防部及其下属各军兵种、国务院以及地方各州政府部门、联邦调查局、能源部、劳工部、教育部、国际开发署等，几乎遍及各级政府部门。这种多元化的资金来源降低了兰德公司对委托部门的依赖程度，有力保证了研究结果的客观性和独立性。来自非政府机构和捐助的资金虽然不多，却可以使兰德公司有经费自主选择研究主题，开展更为灵活多样的研究。

第二，重视研究方法和数据库建设，实现可持续发展。

“工欲善其事，必先利其器”，兰德公司非常重视研究方法的开发和基础数据的积累。

在研究方法方面，兰德公司始终将研究方法的持续创新作为提升研究能力的核心手段。兰德研究人员在研究过程中创造了许多新的研究方法，如今大家耳熟能详的“德尔菲法”“头脑风暴法”“系统分析法”都是兰德公司的首创。此外，兰德公司还创建了在不确定条件下的决策理论和技术，发明了线性规划和动态规划技术，提出了数学建模及仿真的研究方法等。技术和方法的创新，不但提升了兰德在各领域的研究能力，也有利于拓展社会知名度、扩大影响力。

在数据库建设方面，兰德公司坚持在研究咨询的过程中不断积累研究数据和研究成果，逐渐形成了公司内部庞大的咨询研究数据库，其中部分数据库（如人类学数据库）已成为国际知名数据库。除了在线数据以外，兰德公司的纸质文献数据资源也十分丰富，兰德总部研究大楼的整个底层都是图书馆，藏书近百万册，期刊约三千余种，图书馆一半为保密区，藏有大量外交、国防文件等国家机密。丰富的数据资源，大大提高了研究人员的研究效率和能力。

第三，建立严格的成果审查机制，保障研究质量。

兰德公司每年同时进行近 2000 个研究项目，完成近千份研究报告和论文，为了使每份研究成果都能代表兰德的最高研究水平，兰德建立了严格的研究成果内部评审机制（也称“同行评审制”）。

一是对研究项目进行独立评审。评审组成员一般由两名未参与该研究项目的公司内部专家和一名外部专家组成，课题负责人需向评审组提交项目成果材料，完成答辩并获得评审组一致通过后才算通过评审。每个研究项目都要经历期中和期末两次评审，评审通过后，还需要经过分管该项目的副总裁亲自审定，才能正式发表。

二是对专业文章和论文进行同行评议。专业文章和论文主要用于正式对外发表和交流，代表了兰德公司的最高学术水平，评审也更为严格。文章发表前需要经过 3～9 位国内外权威研究专家的同行评议，根据同行评议意见修改完善后，还需经过评审委员会投票通过才能正式发表。未通过同行评议的论文，即使委托单位同意，也不能以兰德公司的名义发表。

三是对研究项目组进行周期性综合审查。为了考察研究成果的实际价值和社会效应，兰德公司每隔 4～5 年会对某个研究项目组进行综合审查，审查结果将作为研究人员考核、晋升和淘汰的重要参考。

第四，大力拓宽宣传推广渠道，提高影响力。

强有力的宣传推广是美国智库提高自身影响力的重要手段，兰德公司也不例外。兰德主要通过以下途径推销研究成果：

一是发表研究报告和出版物。为了扩大社会影响力，兰德会组织专门班子对重大、紧迫的政策问题进行专题研究，并将研究报告广为散发，据统计兰德公司每年有三十多万份各类出版物分送给各级政府部门、企业和学术机构。兰德拥有《兰德评论》和《兰德经济杂志》，定期报道最新研究成果及与公众利益相关问题。每年发布《兰德年度报告》，总结上一年度的核心研究成果并展示公司各方面情况。

二是与国会保持密切联系。兰德公司特别设立了“国会关系办公室”，与国会议员及其幕僚保持密切的联系，根据需要帮助议员联系兰德专家进行咨询或组织兰德专家出席国会听证会，通过提供政策建议议案等影响政府决策。

三是在公众媒体亮相。通过在电视、网络等大众媒体中发表观点，引发公众对特定问题的关注并引导社会舆论，以公众舆论影响政府决策，从而影响美国的内外政策。

四是积极参加智库学术交流活动。美国智库经常召开各种类型的学术交流活动，政界、商界、学界的名流都会受邀参加，通过交流，兰德公司得以提前探取政策动向和学术前沿资讯，了解其他智库的研究进展，并向外界推销兰德的最新研究成果，引导公众舆论、传递政策理念、加强对学术界的影响。

此外，兰德将绝大部分非涉密的研究成果在公司网站公开发表，任何人都可以免费下载，据统计 2015 年兰德网页下载量达到 740 万次。

（3）打造高素质专家人才队伍。

第一，注重人才多样化，通过百家争鸣实现创新突破。

作为综合型智库，兰德公司特别重视不同学科和专业间的知识碰撞。兰德认为，跨学科的综合研究可以使研究成果更具创新性和科学性，研究人员背景多样化能够最大程度发挥人才聚集效应。截至2015年底，兰德公司已拥有超过1800名雇员，他们来自全球53个国家和地区，使用着75种不同的语言，其中56％拥有博士学位，所学专业遍及社会科学、经济学、政策分析、行为科学等各学科（如图5-3所示）。在兰德公司，物理学家、数学家、计算机专家等自然科学专家，与经济学家、社会学家、法律专家等人文社会科学专家共同研究，集思广益，激发了不同学术观点的碰撞。

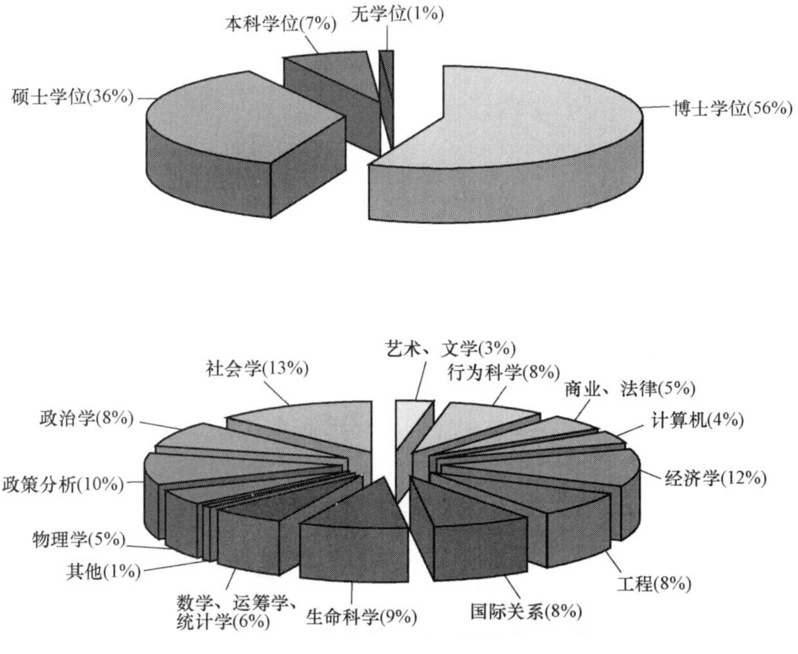

图5-3 兰德公司研究人员专业及学历情况

兰德公司的研究人员主要来自三个方面：一是在全世界范围内招募最优秀的博士毕业生，二是聘用来自政府部门的离职高官和专家，三是猎头其他智库享有盛誉的知名专家。此外，兰德还采用了两种兼职方式，一是聘请国内外著名学者担任兼职研究顾问，二是派出兰德研究人员赴政府、企业、学校兼职。

兰德公司在学术界和政界之间建立了“旋转门机制”。美国大选引发的政权更替，为学者和政客之间的身份转换打开了通道。兰德专家有机会跟随政党要员在新政府中担任要职，政府离职高官也有机会加入兰德从事公共政策研究。兰德公司对政府工作经历极其看重，每届大选前都会在政府中提前锁定目标人选，提供丰厚条件吸引其来兰德工作。在兰德公司的专家库中，有1%的专家没有任何学位，这些专家均直接来自军队和政府，有着长期丰富的政治和军事实践经验，拥有广泛的人脉关系，是兰德最为重视的顶尖人才。

第二，建立博士生培养机制，提供源源不断的内部人才供给。

除了传统智库具有的咨询职能外，兰德公司还兼具教育职能。兰德公司于1970年创办了帕迪兰德研究生院（The Pardee Rand Graduate School），是全世界独立公共政策研究机构中唯一授予博士学位的研究生院，如今已成为美国最大的公共政策分析博士学位授予点。目前，兰德研究生院拥有53名教授和100名在读博士生，主要从事政策分析领域的研究工作。除了常规的课程学习以外，兰德研究生院的博士生还必须参与兰德公司的研究项目，积累足够的项目研究工作量之后才有资格申请毕业。凭借扎实的理论功底和丰富的项目工作经验，兰德的博士毕业生受到政界、商界、学术界的青睐。截至2015年，兰德已培养200多名博士毕业生，均在政府、企业、学术机构和非营利部门担任要职。兰德的博士生培养机制，不但为兰德公司提供了持续稳定的内部高质量人才供给，其高端校友资源也为兰德募集资金、扩大社会影响力提供了重要保障。

第三，注重辅助研究队伍配置，以专业化分工提升研究效率。

专家人才是兰德公司的核心资源，为了使专家人才得以专心从事研究工作，兰德公司为研究专家配备了强大的辅助研究队伍。根据长期积累的工作经验，兰德公司发现“两个研究专家，不如一个研究专家加半个秘书的效率高”。一般四名研究专家配备一名秘书，根据工作需要可申请增加秘书。秘书专职负责打字、准备资料、内外联系等一切“杂务”，使研究专家不必被事务性工作打扰。此外，兰德公司还组建了研究支撑团队，专门从事资料查询、计算机处理等专业性较强的支撑服务工作，研究专家只需提出需求，具体的资料查询、计算、编程工作都可以交由专业团队完成。细致的专业化分工和强有力的辅助团队，使兰德专家足不出户便可知晓天下事，也不必为技术性问题分神，可以全身心投入到本领域的研究问题当中，大大提高了工作效率。

5.1.3 案例点评

2015年国务院颁布《关于加强中国特色新型智库建设的意见》，拉开了我国高端智库建设的序幕。据《全球智库报告（2015）》统计，目前我国智库数量在全球位居第二，仅次于美国，但是在全球智库175强榜单中，仅有9家中国智库上榜。与欧美成熟的智库运营模式相比，我国的智库建设之路尚处于起步阶段，任重道远。兰德公司作为综合型智库的王牌军，其成功经验值得我们借鉴。

（1）加强数据库和配套信息化体系建设。我国智库应效仿兰德公司模式，加强自身独立的数据库建设，建立信息内部共享机制，减少对政府公开数据、数据公司、公开发表论文等外部数据渠道的依赖，提高研究的独立性和公信力。同时，随着大数据时代的到来，数据资源将呈现爆炸式增长，我国智库应加强数据信息化体系建设，提高数据甄别与筛选效率。

（2）拓展科研成果展示渠道。对于欧美智库来说，有市场有客户才能生存，迫于生计，积极推销研究成果、扩大影响力也就自然成为通行的生存法则。我国智库虽然不必面临如此严峻的竞争压力，但若想跻身国家高端智库，就必须处理好苦练内功与对外宣传的关系，积极拓展成果推销渠道，利用好书籍、期刊、电视等传统媒体，同时借助互联网、微博、微信等新媒体宣传研究成果和思想，有效利用网络、媒体、刊物、学术交流等形式宣传研究成果和思想，全方位提高智库的政策影响力、学术影响力、社会影响力和国际影响力。

（3）提高行政运行管理效率。行政运行效率低下一直是我国智库整体研究效率的短板，我国智库应借鉴兰德公司的成功经验，细化智库内部人力资源的专业化分工，通过配备研究助理等方式，将研究人员从打字、报表等事务性工作中解放出来。对于事业单位性质的智库，应给予更为灵活的项目资金管理制度，简化出国交流审批等行政审批程序，使行政管理真正成为政策研究的助力。

5.2 阿里研究院：依托原始数据深挖商业价值

5.2.1 公司概况

阿里研究院成立于2007年4月，依托阿里巴巴集团的大量数据、深耕小企业前沿案例、集结全球商业智慧，以开放、合作、共建、共创的方式打造具有影响力的新商业知识平台。

阿里研究院与业界顶尖学者、机构紧密合作，聚焦消费领域、涉农领域和其他领域，在电子商务生态、产业升级、宏观经济等方面形成了阿里研究院的特色，共同推出aSPI（阿里巴巴全网网购价格指数）、aSPI-core（阿里巴巴网购核心商品价格指数）、aEDI（阿里巴巴电子商务发展指数）、aCCI（阿里巴巴消费者信心指数）、aBAI（阿里巴巴小企业活跃指数）及数据地图等多个创新性数据产品、大量优秀信息经济领域研究报告，以及数千个经典小企业案例，为企业实践和科学研究提供了充实的资料基础。阿里巴巴集团2015年营业收入762.04亿元，增长率为45%。

5.2.2 主要做法

阿里研究院依托阿里巴巴集团，建立了完善的组织架构和运行模式，获得大量与消费者、供应商、经销商、批发商等商品流通主体直接相关的数据，通过大数据方法研究获得与中国消费市场、涉农领域和其他领域直接或间接相关的数据，截至 2015 年，阿里研究院已经打造大量数据产品，不断增强企业影响力。同时，通过多渠道多策略地转化研究成果，服务社会，增加企业效益。

(1) 实现 DT 时代“智库平台”的精准定位。

21 世纪，人类正在由 IT 时代迅速切换到 DT（数据技术）时代。数据技术极大地推动了商业创新、治理创新和制度创新，成为企业创新发展的重要技术支撑。在此背景下，阿里研究院将自身定位为 DT 时代的“智库平台”。

一是围绕阿里巴巴商业生态圈锁定智库研究的主题。阿里研究院依托全球最大、最具活力的在线商业生态系统——由电子商务、互联网金融、智能物流、云计算与大数据等构成的阿里巴巴商业生态圈，获得大量的一手数据资源，提取有益的情报信息，创造性地对多个领域开展研究工作，其中互联网背景下的商业生态圈、新经济和新治理是两个重要的研究主题。

二是根据智库研究的主题，从不同的角度细分研究方向。阿里研究院根据研究层面将研究方向细分为微观层面研究、中观层面研究和宏观层面研究。同时又将微观层面的研究分为 C2B 商业模式研究、未来组织模式等的模式创新研究；将中观层面的研究分为针对产业互联网化的研究，如电商物流研究、农村电商研究等；将宏观层面的研究分为互联网对消费、投资、进出口、就业的影响研究等。根据时间维度将研究方向细分为关于未来的研究和现代治理研究，同时又将关于未来的研究分为信息经济研究、新商业文明研究、DT 范式研究等，将治理研究分为互联网治理研究、网规研究、电商立法研究等。

（2）建设“大平台＋小前端”的组织架构。

阿里研究院在短短几年的时间内，成长为阿里巴巴集团重要的智库机构，在消费领域、涉农领域和其他领域都卓有成绩，其中在消费领域有研究资料1563份，涉农领域有579份，其他研究领域共有3794份，高效的研究成果与其“大平台＋小前端”的组织架构密切相关，包括阿里数据经济研究中心和阿里跨境电商研究中心两个研究中心、强大的顾问团队和学术委员会、众多社会化和无边界的研究社群。

一是设计了“大平台＋小前端”的整体架构，兼顾了“量”的广大和“质”的精细。阿里研究院秉承开放、分享、透明的互联网精神，基于前瞻的理念与洞察，强大的数据驱动力，丰富的案例积累，致力于成为新经济、新治理领域的智库与智库平台，包括：数据开放平台、智库平台。

基于大量的数据资源，建设大数据平台和智库平台。阿里研究院依托阿里巴巴集团海量的数据，根据研究主题和细分方向的要求，对大量数据进行筛选与提炼；结合先进的DT技术和大量专业技术人才对数据进一步加工与分析；通过多种渠道多策略地展示成果，并将成果应用于生活或工作，对消费、生产、决策等产生重要的指导作用。

以研究小组为基础，提升研究质量。阿里研究院的小前端具体指的是众多研究小组，他们在数据平台和智库平台的支撑和帮助下，构成了阿里研究院最基本的研究单元。研究小组可以根据项目内容的具体要求，在研究院选择专业的技术人员，组成项目团队，专门负责具体项目，保证研究按时按量完成；研究小组可以根据小组人员的技术、特点和专长等情况，在涉农领域、消费领域和其他领域选择具有研究意义的专题，开展专题研究；研究小组也能够对研究成果应用、新技术方法下的研究等情况进行追踪研究，保证研究成果转化的质量。

二是根据不同的研究重点，划分为两个研究中心，保障了智库内部的规模效应。阿里研究院根据自身工作性质和工作内容，将研究工作分成了两个重要部分，即经济研究和跨境电商研究，并据此建立了两个研究中心，即 ADEC 和 ACERC。

ADEC，即阿里数据经济研究中心，是阿里研究院的重要组织部分，吸收和集聚了大量的数据、经济研究领域的专家，在阿里巴巴大量经济数据的支撑下，开展经济研究方面的工作，通过数据分析、案例整理和报告撰写，对一些经济形势与发展特点形成了超前的研究和预判，为企业内外的高层决策提供了新视野和新参考。ACERC，即阿里跨境电商研究中心，该中心有众多跨境、电商等方面的研究专家，他们通过对阿里巴巴集团有关跨境电商方面的数据和案例进行研究，形成跨境电商方面的指数、报告和其他形式的研究成果，为阿里巴巴集团跨境电商业务的发展提供可借鉴的经验和参考。

三是将顾问团队与学术委员会作为专业权威，为数据的挖掘与解析提供有力支撑。阿里研究院聘请多位一流专家作为顾问，为研究选题、研究立项、数据筛选、数据处理方法、研究成果、成果应用与转化等方面提供专业意见和指导；同时，阿里研究院还设立了学术委员会，专门针对重要学术议题开展研讨交流，保证研究方向和质量的正确与可靠性，成为阿里研究院研究工作方面的重要支撑力量。

四是兼收并蓄，建立社会化、无边界的研究社群，为阿里智库提供强大外脑。阿里研究院发起、参与了多个社会化、无边界的研究社群，如：信息社会 50 人论坛、微金融 50 人论坛、网规研究中心等，它们通过定期举办学术交流和研讨会，选取研究热点和研究方向，同时共享研究方法和成果，为进一步开展研究工作提供了重要信息；研究社群汇聚了大量专业人才，掌握了某些领域的核心技术，通过与研究社群的合作交流，学习技术方法，为研究工作提供重要支撑。

(3) 深挖“开放的思维”下的数据资源附加值。

阿里研究院通过加强与业界顶尖学者、机构的紧密合作以及开展“阿里开放研究计划”，开放研究，实现部分数据的开放使用和研究，增加数据资源的附加值，提高研究工作的效率和效果。

首先，阿里研究院与业界顶尖学者、机构紧密合作，聚焦电子商务生态、产业升级、宏观经济等研究方面，共同推出大量优秀信息经济领域研究报告，以及数千个经典小企业案例。

其次，阿里研究院发起“阿里开放研究计划”活动，该活动的目标是搭建“网商+研究者”在线对接的平台，发掘阿里平台案例和数据的价值，同时支持研究者成长，促进世界一流研究成果诞生，从而推动中国电子商务研究水平提升。

阿里开放研究计划是“阿里巴巴青年学者支持计划”的继承和升级，同后者相比，“阿里开放研究计划”有了更新的内涵，支持对象从青年学者拓展到了电子商务相关研究者，研究领域则聚焦于网络消费、产业升级、小企业、宏观经济等领域，在运行机制上，每一个研究方向都将由阿里研究院的专职研究专家对接。

每个研究细分领域可以称为一个“圈子”，阿里研究院通过官方网站发布研究圈子，研究院之外的人员可以根据自身专业、兴趣和特长等情况自由选择和加入研究圈子。阿里研究院通过这样的开放研究，已经形成了30多个圈子（见图5-4），吸引了社会各界的研究人员，成为阿里研究院基础研究工作的重要支撑力量。

(4) 打造一系列核心数据产品提升智库品牌知名度。

阿里研究院深挖自身数据资源，创造性地推出了aSPI等数据指

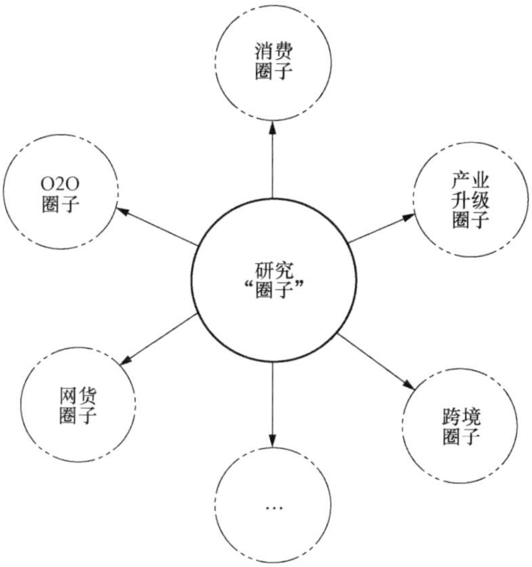

图 5-4 阿里研究院开放研究形成的"圈子"

数、数据地图等核心产品，一方面为企业实践和科学研究提供充实的资料基础，另一方面通过市场上无法轻易替代的核心数据产品，强化阿里研究院的品牌影响力，塑造阿里研究院的良好品牌形象。

一是最大规模精耕自身的原始数据，实现全面开发。阿里研究院通过对阿里巴巴集团自有的产品价格数据、产品篮子价格结构数据、电子商务数据、消费者行为数据和网络零售平台商家数据的收集、筛选和分析，开发出了 aSPI（阿里巴巴全网网购价格指数）、aSPI-core（阿里巴巴网购核心商品价格指数）、aEDI（阿里巴巴电子商务发展指数）、aCCI（阿里巴巴消费者信心指数）、aBAI（阿里巴巴小企业活跃指数），涉及消费、产品、企业、经济等多个领域，成为特定领域的"晴雨表"，同时通过数据产品的打造和推广，阿里研究院的核心竞争力也在逐渐形成。

二是多维度细分以价格指数为核心的数据产品。阿里研究院为了能够了解全网总体网购支出价格水平的变化，通过对阿里巴巴产品价格数据进行分析研究，打造了 aSPI；围绕 aSPI，阿里研究院深挖产品篮子价格结构数据，制订了 aSPI-core，可以体现网购市场价格相对于宏观经济的敏感性；为了能够对电子商务、消费者和小企业进行全面了解，以制订科学合理的战略决策，阿里研究院又开发出了 aEDI、aCCI 和 aBAI，逐渐形成了五大核心数据产品，见表 5-1。

表 5-1　阿里研究院核心数据产品

指数名称	数据来源	指数作用
aSPI	阿里巴巴产品价格数据	反映全网总体网购支出价格水平的变化
aSPI-core	阿里巴巴产品篮子的价格结构数据	体现网购市场价格相对于宏观经济的敏感性
aEDI	阿里巴巴电子商务数据	反映各地电子商务发展情况
aCCI	消费者行为数据、阿里巴巴产品价格数据等	反映消费者对就业、收入、物价等问题的看法和预期
aBAI	阿里巴巴网络零售平台商家数据	反映阿里巴巴网络零售平台上几百万个商家的总体活跃情况

三是将可视化作为数据产品的一大特点。阿里研究院为了能够让自己研发的数据产品更加“友好”，增加数据产品的可视化程度，在自身数据资源的基础上，结合国家统计数据、区域经济数据、电子商务行业数据，围绕地图视角，打造了可视化在线交互产品——数据地图。已上线的数据地图 beta 版本涵盖七大类数据，20 余个指标，其中单指标彩色中国、交互趋势图等功能设计为广大业内人士和数据爱好者创造了极具趣味的探索环境，产品提供数据下载和分享，可在线对感兴趣的话题进行讨论。

（5）开创智库级成果转化途径与宣传渠道，持续提升影响力。

阿里研究院在智库成果转化方面主要通过阿里案例工场和《阿里

商业评论》两个智库级的成果转化平台进行转化，转化形式主要包括开放研究成果、召开高峰论坛和研究会等形式，实现了研究成果的多渠道转化。

一是开创案例共建平台——阿里案例工场。阿里案例工场是由阿里研究院发起，面向广大优秀网商、研究者的电子商务案例共创平台。活动以案例为载体，采取“网商＋研究者”共建的方式，发掘活跃在电商平台上的“千里马”。

阿里案例工场秉承阿里巴巴集团“做数据分享的第一平台”的愿景，促成网商和研究者的在线对接，为网商提供学习成长、自我展示的平台，为研究者提供电子商务案例研究平台。阿里案例工场采取主题制，每2个月为一季。

二是开创非盈利共享平台——《阿里商业评论》。《阿里商业评论》是由阿里巴巴研究院主办的非营利品牌。通过互联网的技术和思想，联合社会各界有识之士，关注和传播互联网时代的新商业智慧，让更多人从中受到启迪。

《阿里商业评论》拥有众多密切关注互联网行业、电子商务行业、以及阿里巴巴生态系统的读者群体，其中包括大量专家学者、政府官员、行业精英、合作伙伴、重点客户等高端人士。

三是通过高峰论坛和资源共享等形式多渠道宣传研究成果。阿里研究院通过对数据的深耕，在打造了大量数据产品的同时，也利用数据撰写了大量高质量的专业研究报告，比如《信息经济前景系列报告》《互联网＋：从IT到DT》《云计算开启信息经济2.0》《互联网时代的全球贸易新机遇——普惠贸易趋势》等。为了能够多渠道宣传研究成果，案例研究院定期组织高峰论坛和资源共享，对研究成果进行宣传，通过共享有价值的产品，在业界形成一定的影响力，阿里研究院成果宣传形式见表5-2。

表 5-2 阿里研究院成果宣传形式

成果形式	活动名称	活动内容
开放研究成果	"活水计划"	面向青年研究者的开放研究计划，已举办五届
高峰论坛	中国县域电商峰会	在阿里研究院的组织和支持下，2015 年近 400 位全国县市长参会交流县域电商发展经验
	中国淘宝村高峰论坛	村长们自己的嘉年华、淘宝村年度名单发布平台
	中国电子商务园区高峰论坛	电商园区的交流盛会，增进与研究主体的交流
研究会	全球新经济智库大会	智库研讨新经济、新治理的平台
	互联网经济研究者大会	2015 年有 400 多位各界专家参会，分享阿里研究院的研究成果的同时，倾听各界专家对互联网经济的研究建议

5.2.3 案例点评

基于阿里巴巴集团丰富的数据资源，阿里研究院进行了精准定位，根据定位不断推进自身组织和人才的规划与建设，充分利用"大数据"资源，开发出了大量有代表性的核心产品，塑造了阿里研究院的品牌形象，通过成果转化机制再将成果向受众推广，实现阿里研究院的最终目标。这些做法对企业智库具有很好的借鉴意义。

(1) 智库定位重在精确，需要聚焦于自身的核心资源和时代特点。阿里巴巴集团在成立阿里研究院之初，就是要成立一个能够将集团的大量数据进行分析研究和成果转化的智库组织。即根据集团自身的核心数据资源和实际需要，成立阿里研究院。同时，随着"互联网+"成为大势所趋，商业模式和共享经济成为广泛共识，阿里研究院就将"打造 DT 时代的智库平台"作为自身定位目标，既保证了资源基础，也站在趋势前沿。而在阿里研究院的发展历程中，始终坚持这一定位，便于快速完成集团的部署，也确保了在“既定的航线”上前进不致偏航，避免给集团造成不必要的损失。

（2）“读数能力”已成为新型智库的显著功能之一，企业级智库需要用好自身的“微观数据”，从规律中寻得商机。阿里研究院作为阿里巴巴集团的智库，坐拥阿里巴巴的海量数据。阿里研究院通过开放研究、合作研究、非营利性成果公布等创造性形式，将大量的数据资源转化成为各种指数、数据地图、研究报告、案例和其他形式的研究成果，服务于阿里巴巴集团的同时，实现成果共享，服务社会。

每个企业在日常的生产、经营、流通等各个环节中都会产生大量的数据，如果能够将这些数据收集、整合起来，根据企业定位、客户需求等将数据转化成企业需要的资源，方能便于企业决策。在这种过程中，“读数能力”即是对数据深加工分析的能力，智库需要聚合各种专业、各种视野的人才，对数据进行全方位解读，超前研判未来发展态势。

（3）研究成果的宣传与转化渠道，成为盘活智库资源的重要途径。阿里研究院通过阿里案例工场和《阿里商业评论》两个智库级的成果转化平台进行转化，通过开放研究成果、召开高峰论坛和研究会等形式，多渠道转化研究成果，实现了阿里研究院的研究成果向社会、企业、消费群体和个体应用的共享与转化，为阿里研究院的大发展奠定了坚实的基础。另外，在多渠道转化智库成果时，也需要注重转化策略。例如：精准选取信息受众，考虑哪些信息对特定读者开放；科学选择转化途径，系列深度研究适合采取白皮书形式发布，时效性较高的研究可采取网络渠道推广；对转化进行效用评价与反馈，深挖附加值形成“二次影响力”，跟踪读者对智库产品的反馈及观点，进行后续改进。由此，可以有效盘活智库资源，提升运作效率。

5.3 西门子管理咨询公司：基于全球化管理的企业内部智库实践

5.3.1 公司概况

西门子管理咨询公司（Siemens Management Consulting，SMC）成立于1996年，是西门子集团的顶级战略管理咨询公司。SMC是西门子内部利润中心和独立的咨询方，独立运营、独立结算。全球拥有160名雇员，在慕尼黑（成立于1996年）、北京（成立于2005年）和孟买（成立于2010年）设有3个办事处，每年提供80～100个成功的咨询项目。

SMC通过识别和分析市场与技术趋势、竞争对手的行为、新客户需求、创新的商业模式以确定最有效的策略，为西门子应对未来市场发展和新竞争形势奠定基础。在SMC，传统的战略咨询与最新的行业知识相结合，提供标杆管理、新兴市场的进入策略、领导力、并购、项目和解决方案业务、重组、销售额、战略、供应链与制造等领域的咨询服务项目。

5.3.2 主要做法

（1）确定“战略智库＋管理人才池”的功能定位。

作为西门子公司的内部企业智库，SMC既为西门子公司的战略、运行、业务拓展等提供长期解决方案，成功扮演战略智库角色，也是西门子公司人才引进、培养和输出的重要平台，已经成为西门子公司人才蓄水池。SMC的任务是双重的，既要为公司增强可持续竞争力，也要为公司培养未来的领导者。SMC定位见图5-5。

战略智库角色。SMC不断积累相关领域的专业知识，为西门子集团提供支持，助其开发用以应对全球在21世纪共同面临的各种挑战的解决方案。SMC建立了涉及从可再生能源到医疗的各个方面的创新战略，并开拓了包括数字化工厂、基础建设解决方案、进入新兴市场等在内的新的业务举措。宏观层面，SMC 是董事会的战略工具，旨在通过建立快速驱动企业战略议题的内部能力，以解决公司的战略变革问题，包括组织重组、开拓新市场、降低成本等非定制化战略问题；在操作层面，SMC 是业务集团和事业部领导的可信赖的顾问，帮助各个业务集团和事业部有效应对长短期挑战。

管理人才池。SMC 是西门子公司吸引高端人才的重要渠道，西门子管理咨询公司在招聘助理顾问的时候，除了要求学历、成绩、英语能力、分析能力以及相关行业背景之外，还特别看重合作能力和沟通能力这两个软性条件。SMC 为西门子公司打造管理人才池，成为管理人才培养的重要平台。数据显示，截至 2015 年底，约有 15%的西门子集团高管来自于 SMC。

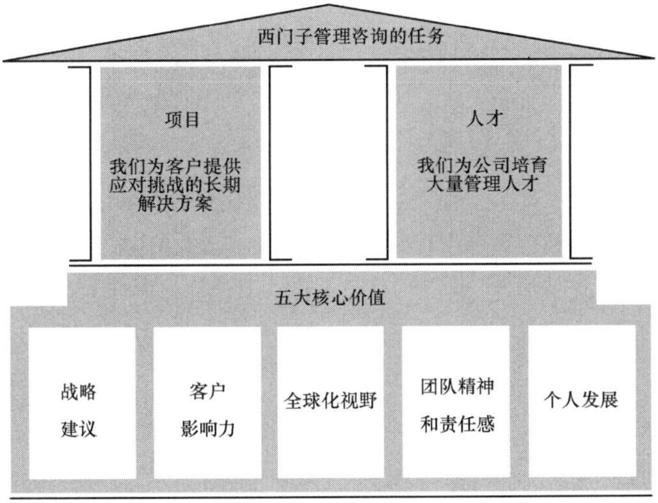

图 5-5 SMC 定位

(2) 重视员工的职业素质培养和开发。

“今天的助理顾问，明天的商业领袖”是 SMC 对公司员工的承诺和期许。着眼于为西门子公司培养未来的领导者，SMC 尤其重视员工的个人职业发展和规划。SMC 充分利用自身密集和系统的全球化全方位培训的完善机制，为员工提供塑造成功经理人所需一切素质的培训，成为员工素质培养和提升的“全球化平台”。

培养员工的跨文化适应能力。由于 SMC 的日常工作项目常常是由国际化的团队来完成，更因为 SMC 相信，一个成功的经理人，必须要有开阔的国际视野和灵活的适应能力。他们需要了解、适应更多种的文化，而不仅仅是自己国家的文化，才能在全球商战中游刃有余。所以，在员工进入西门子管理咨询的前几年，SMC 会让新员工广泛接触到全球各种各样的业务，从中逐渐发现自己最擅长的方向。

培养员工的快速、有效的沟通能力。SMC 的员工每天都要面对各种各样的高端客户，进行各种谈判、会议。SMC 培养员工能以母语、英语清楚地解释、谈论复杂问题的素质和能力，以利于员工说服客户做出决定，成长为一个优秀的咨询顾问。

(3) 基于强大关系网络的跨部门协同合作。

SMC 围绕咨询项目，将不同机构的人员、资源集中和联系起来，实现跨部门的协同合作，营造良好的沟通环境，建立良好的沟通机制以超越部门界限和管理层级束缚。首先，SMC 会和企业主管保持紧密联系，充分保证对行业和全局的认识，不断积累各个领域的知识；其次，通过实现跨部门协调，在丰富的项目经验中不断积累信誉。例如，在部门之间，SMC 以咨询项目为中心，增加交流覆盖面，制订多个研究主体参与的共同目标，牵头设定联合任务，鼓励各部门主动协作，限期完成任务，从而构建跨部门、跨区域、跨层级的伙伴关系，在互信互赖中取得良好的合作效果。

(4) 面向全球，吸引和招聘优秀的人才。

SMC 凭借其强有力的品牌影响力，每年吸引大量的优秀求职者。截至 2015 年，SMC 每年平均吸引 6700 名申请者，录用 20～25 名咨询顾问和 20 名左右的实习生。

清晰而独特的招聘市场定位。独特的招聘市场定位是体现 SMC 品牌区分度的前提，也是在招聘市场建立良好的雇主品牌的基础。在激烈的优秀咨询人才争夺战中，SMC 有三个清晰的定位：最好的高科技公司和最好的咨询公司、排名第一的内部战略管理咨询和全球排名前 50 的咨询公司中唯一一家内部战略管理咨询公司。定位清晰有助于 SMC 积极与外部优秀的咨询公司竞争优秀人才，更能保证 SMC 成功吸引了大量优秀的候选人并从中选拔优质人才。

多元化的招聘理念。截至 2015 年 1 月 31 日，SMC 员工教育背景多元化程度较高。其中，自然科学类专业的人员占 12%，工程或信息技术类专业的员工占 19%，商科或英语专业员工占 20%，工商管理专业的人员占比最多，达 39%，其他约占 10%。其中，有 24% 的顾问有双重职业资质。

优质的招聘渠道。SMC 每年大约开展 40 场宣讲和招聘活动，主要面向国内外顶级院校，吸引大量优质毕业生。包括欧洲的“精英大学”顶级 MBA 学校，如欧洲工商管理学院（INSEAD）、莱比锡商学院（HHL Leipzig）；也涵盖中国国内排名前列的顶尖大学，如北京大学、清华大学。

（5）系统化的培训机会为咨询顾问各阶段的发展提供全面支持。

SMC 分为顾问、项目经理、副总裁三个职业等级，当项目咨询人员符合条件的时候，每三年可以参评等级评定，争取晋升的机会。在 SMC，咨询人员的职业生涯一般经过“招聘”“人才发展”和“转移”三个阶段的演变。SMC 的所有顾问都有可能从任何三个级别转移到直线经理，每年大约有三分之一的顾问有机会转移，转换为从事管理工作。截至 2015 年底，已经有 500 多名前 SMC 顾问在西门子集团的各个部门任职。

SMC面向咨询顾问的竞争力发展和长期职业生涯两个维度，为其提供符合各层次、各阶段需求的培训。SMC的培训课程是一种应用学习，涵盖用于咨询过程的实用性方法和工具，包括处理冲突技术、应对紧急情况的技术、策略性沟通技巧等。

围绕培育咨询顾问的咨询核心竞争力，SMC注重行为和技术方面的针对性培训。此类培训项目会安排在西门子管理咨询办公室外进行，最长为5天。采用多种课程注册方式，由专业的内外部专家讲授，不仅为个人发展提供定制化课程，而且为个人发展的特别需求提供额外课程，以满足不同的学习要求。咨询顾问职业生涯早期的培训内容主要包括基本咨询技能培训（BCT）、商务演讲培训（PPM），随着入职年限的提高，SMC会顺序提供项目管理适应性培训、项目经理领导力、管理沟通、冲突管理、项目经理业务培训和客户关系领导力等培训。除此之外，还提供大量选择性的培训项目。

围绕培育咨询顾问的业务/专业竞争力，SMC重点提供围绕西门子管理咨询的方法和西门子知识。这种项目也会安排在每周五在西门子管理咨询办公室进行，多种培训模式结合，包含自主学习项目，由专业内部培训师或嘉宾讲授，充分满足学员不同程度的学习要求。在第一次培训中，提供"方法论启动"（包括2次集中的方法论学习，涵盖所有工作方法）和"新人@西门子"（WBT）两部分内容，以提高学员对西门子的洞察力。为确保项目顺利进行，SMC后续会提供方法论应用和方法论提升方面的培训内容，其中也包括西门子管理咨询必备的内容，例如Excel应用与操作、人力资源信息化等。

（6）全球化的工作模式。

SMC的工作理念是"全世界都是我们的工作地点"。SMC拥有全球化气度，在亚洲和欧洲已经实现了本土化，SMC的管理咨询人员会出现在客户出现的地方或者客户计划去的地方。

SMC 的思考和行动同样是全球化的。SMC 的咨询顾问充分利用他们在本土市场的经验和知识动态地、成功地与客户共同开发全球化策略。SMC 的企业文化就是以团队合作和开放式交流为特征，借助 SMC 的全球化定位，SMC 形成了跨文化合作的理想基础。SMC 的管理咨询人员愿意采用不同的观点，开放性地吸收新观点。团队跨文化多样性有利于 SMC 时刻学习到新鲜的知识，这样的团队构成也有利于取得杰出的咨询成果。

5.3.3 案例点评

作为全球最具影响力的企业智库之一，SMC 通过在业务方面扮演战略智库角色，不断积累相关领域的专业知识，为客户提供克服挑战性问题的长期解决方案，通过打造西门子公司管理人才池，成为管理人才培养的重要平台。基于清晰的战略定位和全球布局，SMC 通过强化人力资源管理、全球化管理等不断提高智库管理水平，有效推动西门子集团组织重组、新市场开拓、成本降低等战略变革问题的解决，帮助西门子公司形成了快速驱动企业战略议题的内部能力，充分保障西门子能够在全球竞争格局下占据核心竞争优势。SMC 成功经验为我们带来了重要启示。

(1) 引领企业跨部门合作是企业智库功能定位的体现和未来项目运作的发展方向。一方面，SMC 不仅承担西门子公司战略智库角色，为西门子公司战略、运行、业务拓展等提供长期解决方案，而且也是业务集团和事业部领导可信赖的顾问，其功能定位决定了其有能力通过项目实现企业跨部门合作。另一方面，从为客户创造价值、增加持续为客户创造价值能力的角度讲，组建跨部门动态团队能够有效协调、配置内外部资源，提升实现客户满意度的能力。企业智库部门可以引领组建跨部门、跨区域、动态的项目团队，调动参与项目研究的人员和力量，通过跨部门或跨组织协作的实现，充分保证为客户提供有效的解决方案。

（2）系统化的人力资源管理实践是企业智库可持续发展的重要前提。一流的智库就要有一流的管理体制和运行机制。SMC 不仅仅从提供解决方案的角度思考人才培养问题，而且从 SMC 功能定位出发，通过系统化的人力资源管理实践促进形成一套行之有效的体制机制。可以借鉴 SMC 在招聘、培训、职业生涯设计、团队管理等方面的管理经验，增加招聘自主权，培养知识多元、能力全面的复合型人才，形成包容、开放、创新、合作的团队文化，为吸引和保留人才尤其是高端人才提供良好的环境。

参　考　文　献

[1] http：//www. tableau. com/.

[2] Felicia. 从 Tableau 看商业智能行业发展. 中国云计算网. http：//www. chinacloud. cn/.

[3] Tableau 联手 Splunk 进军设备数据可视化领域. http：//www. cww. net. cn.

[4] I. Toma. The Google Knowledge Grapha. STI Innsbruck.

[5] D. Lazer，R. Kennedy，G. King，A. Vespignani. The Parable of Google Flu：Traps in Big Data Analysis. Science，Vol. 343，2014. 3：1203-1205.

[6] 张志昌. 谷歌流感趋势的启示：大数据分析中的陷阱. 中国计算机学会通讯，2014. 6：84-89.

[7] Silver，David，et al. Mastering the game of Go with deep neural networks and treesearch. Nature，529. 7587（2016）：484-489.

[8] 马红. 混合所有制与资本运营 _ 基于中国建材集团的案例. 财会通讯，2015（4）.

[9] 欧俊. 中国建材“央企市营”模式之研究. 云南大学硕士论文，2014.

[10] 楚建华. 对中国建材集团并购重组的发展与研究. 厦门大学硕士论文，2014.

[11] 王磊. 中国建材股份有限公司并购战略研究. 北京交通大学硕士论文，2012.

[12] 鲁扬. 混合所有制改革之中国建材模式：联合重组做强行业江山. 中国企业报，2015 年 3 月 7 日.

[13] 宋志平. 继往开来、再传辉煌. 中国建材，2009 年 10 月 6 日.

［14］王霄京，干志平，金星．中国建材：三十而立行稳致远——宋志平谈中国建材集团 30 年改革发展．中国建材，2014 年 6 月 6 日．
［15］马红，王元月．混合所有制与资本运营——基于中国建材集团的案例．财会通讯，2015（4）．
［16］何志毅，柯银斌．中国企业跨国并购 10 大案例．上海：上海交通大学出版社，2010．
［17］郑磊．万向集团："反向 OEM"国际化．新财经，2006（11）．
［18］杨帆．万向的方向．汽车观察，2013（6）．
［19］周常宝．万向集团的国际化扩张之路．企业管理，2016（4）．
［20］王若诗．万向集团海外并购借鉴与启示．财会通讯，2016（1）．
［21］许波，吕爱兵．解密万向集团成功并购"五招"．中国对外贸易，2004（11）．
［22］张玲．思科"自研-收购-联盟"混合战略的解析及启示．商业时代，2016（1）：99-101．
［23］艾珍珍．思科的并购艺术．企业管理，2004（12）：48-49．
［24］汪新波．思科并购成长的奥秘．中国新时代，2012（11）：84-86．
［25］王宗光，李军．全球化视角下的企业文化资本研究．国际商务：对外经济贸易大学学报，2007（4）：67-70．
［26］张立文．美国通用电气公司组织结构及其变革研究．商场现代化，2010（9）：14-15．
［27］曹洲涛，宋一晓．知识链视角的跨国公司研发组织结构研究．科技管理研究，2013（17）：7-10．
［28］杰夫·伊梅尔特，维贾伊·戈文达拉扬，克里斯·特林布尔．全球本土化 VS 反向创新——通用电气的自我颠覆．企业家，2013（4）：84-85．
［29］杨斌．通用电气"群策群力"企业文化的分析与启示．东方企业文化，2012（16）．

[30] 张敢，徐蔚为. 通用电气的“群策群力”活动. 上海质量，2006（6）：64-65.
[31] 魏珊. 通用电气的“群策群力”政策. 当代经理人，2006（11）：50-52.
[32] 俸军. 跨国企业“人才本土化”概念初探. 边疆经济与文化，2004（8）：28-30.
[33] 金荣琛. 三星与海尔集团的国际化经营战略比较研究. 长春：吉林大学，2013.
[34] 刘智方. 海尔国际化战略研究. 沈阳：辽宁大学，2013.
[35] 李新向阳. 海尔的国际化战略及其启示. 北方经贸，2015（6）：69-71.
[36] 施卓敏，郑婉怡，张亦婷，等. 中国企业的国际化研究：以海尔为例. 中山大学研究生学刊，2014，35（2）：55-66.
[37] 白长虹，刘春华. 基于扎根理论的海尔、华为公司国际化战略案例相似性对比研究. 科研管理，2014，35（3）：99-106.
[38] 苏敬勤，张琳琳. 动态能力维度在企业创新国际化各阶段中的作用变化分析——基于海尔的案例研究. 管理学报，2013，10（6）：802-809.
[39] 刘杰，罗泳泳，张佳宁. 中国企业国际化之路——以海尔海外投资为例. 知识经济，2012（10）：142.
[40] 孔媛媛. 我国企业的国际化学习行为研究——基于海尔公司的案例研究. 市场论坛，2012（4）：42-44.
[41] 朱羽洁. 海尔的国际化策略思考. 中国证券期货，2011（7）：226.
[42] 吉辉. 从海尔国际化看企业的品牌战略发展. 北京：北京交通大学，2011.
[43] 杨蔚. 国际化战略的经验与启示——以海尔集团为例. 山东经济，2010（7）：44-47.
[44] 张晋瑞. 企业国际化战略研究——以海尔集团为例. 中国商界，2010

(6)：216-217.
[45] 吕聪，毛肖雯，宣文尧. 关于联想和海尔国际化战略的浅析. 旅游纵览，2011 (5).
[46] 王阳. 家电企业国际化战略研究. 天津：天津商业大学，2014.
[47] 马茜. 从海尔品牌文化发展看企业营销. 青春岁月，2013 (6).
[48] 李腾腾. 海尔集团战略联盟模式与效应分析. 商品与质量，2011 (6).
[49] 谢泗薪，薛求知. 中国企业全球学习战略的脉络与机理——基于国际化双向路径的视角. 复旦学报，2004 (5).
[50] 许金叶，任培培. 会计组织创新：会计转型的组织保障. 财务与会计，2014 (9).
[51] 李展. 如何写好公司简介. 应用写作，2015 (1).
[52] 张定芳. 中国企业海外并购的跨文化整合. 济南：山东大学，2013.
[53] 吴刚，徐琴，任文亭，等. 打车软件移动营销策略分析——以滴滴打车和快的打车为例. 现代经济信息，2015 (10).
[54] 徐艳琴. 出行 O2O 创新营销策略分析——基于滴滴出行的分析. 现代商业，2015 (12).
[55] 韩超. 又一出行新方式：滴滴巴士. 商用汽车，2016 (1).
[56] 闻博，宋豆. 移动支付视阈下新商业模式探究——以"滴滴打车"为例. 对外经贸，2015 (4).
[57] 张孝荣. 盘活经济剩余分享经济席卷中国，大势不可阻挡，中国战略新兴产业，2016 (5).
[58] 滴滴巴士将在京增开 200 条线路定制巴士出行. http：//news.yesky.com/415/89442415.shtml.
[59] 王继承，冯巍. 合格的政策分析家是怎样炼成的——兰德公司的人力资源管理. 中国发展观察，2012 (9).
[60] 王铮. 美国兰德公司的运营特点与发展态势. 智库理论与实践，2016

(1).
[61] 杨尚东. 全球智库发展实践、经验及对中国的启示. 管理现代化, 2014 (1).
[62] 张志新. 美国兰德公司的管理模式. 国际资料信息, 2010 (11).
[63] 汤珊红, 秦利, 王朝飞, 等. 兰德做法对发展为一流智库的启示. 情报理论与实践, 2014 (9).
[64] 孙晓仁, 赵健虹. 兰德公司人才管理的特点. 经营与管理, 2010 (8).
[65] http: //www. rand. org/.
[66] 全球智库报告 (2015). http: //repository. upenn. edu/think _ tanks/10/.
[67] 徐洁云. 解码阿里大数据. 21世纪商业评论, 2013 (12): 44-47.
[68] 刘新海. 阿里巴巴集团的大数据战略与征信实践. 征信, 2014, 32 (10): 10-14.